三进巴格达

中国外交官亲历海湾战争

郑达庸　著

中共党史出版社

图书在版编目(CIP)数据

三进巴格达:中国外交官亲历海湾战争/郑达庸著.
—北京:中共党史出版社,2015.1
ISBN 978-7-5098-2913-4

Ⅰ.①三… Ⅱ.①郑… Ⅲ.①海湾战争(1991)—史料
Ⅳ.①D815.4

中国版本图书馆 CIP 数据核字(2014)第 272884 号

出版发行:中共党史出版社
责任编辑:潘　鹏
复　　审:韩冬梅
终　　审:汪晓军
责任校对:龚秀华
责任印制:谷智宇
责任监制:贺冬英
社　　址:北京市海淀区芙蓉里南街6号院1号楼
邮　　编:100080
网　　址:www.dscbs.com
经　　销:新华书店
印　　刷:北京君升印刷有限公司
开　　本:170mm×240mm　1/16
字　　数:164 千字
印　　张:12.25
印　　数:1—5000 册
版　　次:2015 年 1 月第 1 版
印　　次:2015 年 1 月第 1 次印刷

ISBN 978-7-5098-2913-4
定　　价:25.00 元

此书如有印制质量问题,请与中共党史出版社出版业务部联系
电话:010—82517197

目录

一、海湾多事之秋出使伊拉克 /1

奉调出任中国驻伊拉克大使 /1

海湾地区争端陡然升温 /3

风云突变，伊拉克大举入侵科威特 /4

美国大使“表态”之谜 /5

美国乘机调整战略 /7

“战斗之母”和“沙漠盾牌”出笼 /8

二、一进巴格达——随钱其琛外长出访中东海湾四国 /10

危机久拖不决 /10

钱其琛外长出访中东海湾四国 /13

在开罗“巧遇”美国务卿贝克 /16

穆巴拉克开门见山 /19

沙特外交大臣忧心忡忡 /21

拜会流亡沙特的科威特王室 /23

会见海合会秘书长 /29

约旦国王强调阿拉伯范围解决危机 /32

阿齐兹无理辩三分 /36

阿拉法特同意“挂钩”论 /42

萨达姆冥顽不化 /44

钱外长看望使馆带来大白菜 /49

沙特国王感谢中国努力 /51

三、二进巴格达——海湾战争前夕赴任 /57

离京赴职 /57

战斗在外交前沿阵地的好队伍 /61

萨达姆不接受国书 /63

形势愈发扑朔迷离 /65

战前准备紧锣密鼓 /68

军警特宪全面控制巴格达 /71

“唐老鸭”飞到巴格达 /74

使团纷纷撤离 /76

日内瓦会谈无果而终 /80

联合国秘书长来见萨达姆 /82

使馆“五人留守小组”成立 /84

紧急撤离巴格达 /91

取道塞浦路斯奔赴埃及 /94

四、42天的海湾战争 /98

客居开罗隔海观火 /98

“沙漠盾牌”部署完毕 /99

双方力量对比如此悬殊 /103

“沙漠风暴”终于打响 /109

“天上的不下来，地下的不出来” /111

一场“非对称战争” /114

令人难解的几个“谜团” /118

五、三进巴格达——海湾战争之后的日子 /123

飞回安曼 /123

备足粮草 /125

踏上“死亡公路” /128

夜抵巴格达 /130

百姓苦不堪言 /132

惨绝人寰的轰炸 /135

城市的伤痛 /137

经济倒退20年 /140

强化军队职能 /143

个人崇拜升级 /145
库尔德暴动 /147
炼油厂被炸 /151
可怕的“贫铀弹” /153
科威特遭劫真相 /155
“猫捉老鼠”游戏 /157
中国军事观察员 /160
走马观花看古迹 /162
新版“巴格达窃贼” /169
战后伊拉克官员面面观 /174
使团在忙活什么 /175
美机再次空袭巴格达 /179
“外交邮袋”事件 /180
中国男足输了 /182
“唐老鸭”重返巴格达 /184
告别巴格达 /186

后　记 /189

一、海湾多事之秋出使伊拉克

奉调出任中国驻伊拉克大使

1987年初，我从外交部西亚北非司调往阿拉伯也门共和国（简称北也门）工作，任大使。

1990年初，工作进入第四个年头。当时南北也门（南也门称也门民主人民共和国）决定结束多年武装冲突，商讨南北统一大业。5月22日，南北也门宣布统一，一个统一的也门共和国出现在阿拉伯半岛南端。

20世纪80年代末，本书作者郑达庸（右）同也门大酋长阿布·卢胡姆（左）共餐

一国不能有两位大使同时在任，这年6月初，中国外交部通知我回国，下一站，是去伊拉克当大使。

去伊拉克工作，我没有什么思想准备，觉得有点突然。但是，我对这个国家也不算太陌生。在北大东语系学习阿拉伯语的时候，我读过《天方夜谭》中《阿里巴巴与四十大盗》等家喻户晓的民间故事传说。伊拉克是文明古国，底格里斯河和幼发拉底河形成的美索不达米亚平原，是人类文明摇篮之一。北大毕业后等候分配工作时，我曾经被借调到新华社工作两个多月，任务是收听巴格达电台广播，提供有关卡塞姆政权的消息。那时天天上夜班（因为时差，晚上才能收听到巴格达电台播音），工作相当紧张。这是我走出校门后第一个工作经历，从“天空”中初步认识了伊拉克。

1958年我调入外交部，曾接待、陪同伊拉克代表团，通过和伊拉克朋友接触，对这个国家有了一些感性认识。应该说，我对伊拉克并非一无所知，但是，担任大使就不一样了，工作对象是陌生的伊拉克当局，万万不可掉以轻心。

阿里巴巴与四十大盗雕塑

回到北京，在家中小住几日，我即去外交部报到。谈话后方知，即便南北也门没有统一，国内也要将我调回，因为前不久，中国一位国家领导人访问伊拉克时，使馆领导是临时代办，大使已空缺一年多。领导人说，这么重要的国家，不能长期没有大使，要尽快解决。为此，部里考虑让我从北也门先去阿联酋待命，待任命手续办完后，不回国述职，直接前往巴格达。国书由信使送往巴格达。后来得知，人大审批手续还需要些时间，部里决定让我回国等候。当时领导对我说，很快，最多十来天，你就要赴任。

我赶紧看材料，了解情况，走访一些有关部门。改革开放后，在国际上首先打开劳务承包局面，是在中东地区，中东地区首先就是伊拉克。在伊有不少中资公司，军贸也有发展。7月中旬，人大常委会通过了国家主席对大使的任命，这是我第二次出任大使。我不由想起去北也门当大使之前，亚非司司长章曙对我的嘱咐：对新的任务，除了认真努力去完成之外，要以“如临深渊，如履薄冰”的心态，这样才可以避免犯大的错误。我把这个嘱咐牢记在心。

海湾地区争端陡然升温

到了1990年7月中旬，伊拉克和科威特的争端陡然升温，引起国际社会不安。争端突出表现在三个方面：

一是领土问题。1961年科威特宣布独立，伊拉克卡塞姆政权不予承认，并对科威特提出领土要求。1963年，复兴党上台执政，宣布承认科威特独立，但两国没有划定边界，多次发生边界武装冲突。两伊战争爆发后，科威特当局支持伊拉克，并提供大量财政援助，争端暂时搁置。两伊战争结束后争端再起。伊拉克指责科威特蚕食伊领土，盗采伊拉克石油资源。

二是伊拉克指责科威特和阿联酋石油超产，导致国际油价下跌，伊拉克损失140亿美元。

三是伊拉克称同伊朗打仗是为了保护阿拉伯民族，伊拉克理应免除偿还对科威特等阿拉伯国家于战争期间所欠债务（两伊战争期间伊拉克欠债700多亿美元，其中欠科威特等海湾国家债务350亿美元）。

争端升温，伊拉克、科威特同时向边界增兵。埃及、约旦、沙特等国领导人出面调解，阿拉伯联盟召开外长会议劝和。伊拉克外长阿齐兹在会上猛烈攻击科威特和阿联酋。伊拉克咄咄逼人，咬住领土问题不放。海湾地区出现不祥之兆。埃及总统穆巴拉克亲赴巴格达，力劝萨达姆不要对科威特动武。

风云突变，伊拉克大举入侵科威特

出乎意料的是，我还没有出发，海湾地区形势出现了重大变化。伊拉克、科威特关系紧张，成为举世瞩目的热点。我的准备工作，一下子转向研究海湾地区形势。信息四面八方传来，我需要尽快熟悉国际、中东和伊科关系局势的发展变化，同时，随时准备前往巴格达赴任。过了几天，一个惊人的消息传出，8月2日凌晨2点，伊拉克对科威特发动闪电式进攻，出动五个师的兵力、350辆坦克、近千辆装甲车、数十架轰炸机、直升机，同时以十几艘舰艇，攻占科威特的布比延岛和瓦尔巴岛。当日下午，伊军占领科威特全境。科威特元首埃米尔萨巴赫和首相萨阿德逃往沙特阿拉伯避难。

萨达姆冒天下之大不韪，公然入侵一个受到国际公认、拥有主权的国家。国际社会反应十分强烈，当日，联合国安理会通过“660号决议”，谴责伊军入侵科威特，要求伊拉克立即无条件撤军。

这件事之所以让人觉得有些突然，可以从三个方面找到原因：

首先，自1980年9月到1988年8月，伊拉克同伊朗打了八年仗，伊拉克死亡20万人，伤40万人，被俘5万人，军备损失很大（损失坦克2000多辆，火炮1000多门，飞机和直升机200多架，舰艇20艘）。战争消耗和经济损失约5400亿美元。停火之后，伊拉克已然精疲力竭，国内百业待兴，百姓需要休养生息。萨达姆再战，总得要有个喘息的时间，何况两伊战争后，还有许多棘手问题亟待解决。

其次，伊拉克、科威特争端加剧，阿拉伯国家反应强烈，动作迅速，多方调解，争取缓和气氛。埃及总统穆巴拉克下了大力气，力阻萨达姆动武，萨达姆好歹得给穆巴拉克面子，至少不至于不宣而战吧。

最后，海湾国家同美国等西方国家关系很好，萨达姆不会不考虑对科威特动武，美国不会坐视不管，一定会有所反应。

以上看法，不无道理，但是，在长达近一个世纪的动荡不已的中东海湾地区，思考问题的逻辑和方法往往出乎寻常，反其道而行之的事，屡见不鲜。有一个因素不容忽视，那就是萨达姆同伊朗打仗八年，号称“伊拉克为保护整个海湾阿拉伯的安全而战”，从阿拉伯海湾国家获取到数以百亿计美元的财政援助。萨达姆并非把这些钱都用在战争上，留下不少放进自己的“小金库”，在财力和军力上都保留了一定实力。后来，我们在巴格达时，有朋友告诉我们，两伊战争时期，在伊拉克看到一个怪现象：前方打仗激烈，后方并不吃紧，巴格达仍保持繁荣。

历史表明，不合乎常理常规的事，在中东再次发生了。两伊硝烟未尽，伊科争端再起，萨达姆又“发威”了。

美国大使“表态”之谜

伊军入侵前七天，7月25日，萨达姆召见美驻伊大使阿普里尔·格拉斯皮（中东问题专家，精通阿拉伯语，曾任职叙利亚和科威特使馆，是美外派中东的第一位女大使）。谈话中，萨达姆当面向她谈起伊科存在争端，说科威特一直占领伊拉克领土。美大使表示，“对类似伊科边界纠纷这样的阿拉伯国家之间的争端，美国不持立场”。后传，萨达姆和美大使会见之后，布什总统致函萨达姆，强调美国愿意和伊拉克保持良好关系，希望伊科争端能和平解决。

看来，对美国的表态，萨达姆理解为：如果伊拉克对科威特采取行动，美国不会进行干预，如果伊军越界入科威特，美国亦会默许。

关于这一问题，国际上沸沸扬扬，议论纷纷。普遍认为，美国发出的信息，助长了萨达姆的野心。美国务院断然否认这一说法。后来，格拉斯皮大使遭美参议院外委会的质询，在听证会上，她有口难辩，“跳进黄河洗不清”。后来，给格拉斯皮当过副手的美驻伊拉克代办奈尔逊说，格拉斯皮的表态，完全是根据国务院的指示，并非她个人所为。问题是，她同萨达姆谈话，在座的只有伊外长和伊方英文翻译，而没有她的助手陪同。有谁能为她作证？

人们对此传闻如此感兴趣，归根结底，是要澄清美国是否“默许”了萨达姆动手？伊拉克对科威特动武，美国是不是“主要推手”？

后来我了解到，美大使在1990年7月25日同阿齐兹的谈话文本，存在布什总统博物馆和撒切尔基金会。资料显示，当时她的原话是“我们看到你们在南方部署了大批军队，一般来说这与我们无关，但这种事情发生在你们对科构成威胁时，那么我们就有理由感到关切，出于此因，我得到指示，请你们以友好，而不是对立的精神解决问题”。她还询问萨达姆，为什么大规模在伊科边境集结军队。后来，格拉斯皮称，这一表态口径来自美国务卿贝克的指示，和美国对阿拉伯国家之间的争端所持立场，是一致和一贯的。

1991年4月，海湾战争结束后，格拉斯皮在美参议院外委会作证称，她奉国务院之命做了“对类似伊科边界纠纷这样的阿拉伯国家之间的争端，美国不持立场”的表态，同时也曾警告萨达姆不要以武力解决争端，萨达姆欺骗了她，否认会军事入侵。外委会问她，如何理解萨达姆会理解为美同意萨达姆的行为，大使说，“我们愚蠢到没有看出萨达姆会干如此愚蠢的事情。”

海湾战争结束后许多年，到了2008年3月，格拉斯皮大使接见黎巴嫩《生活报》采访时表示，她并不后悔，事情都已经过去了。“谁都不愿意承担谴责，我愿意承担谴责”。

有关萨达姆动武前同美大使会晤，我收集了以上资料，共同点是，美国大使当时的表态，确实提到“美对阿拉伯国家之间的冲突不采取立场，伊科问题同美无关”。一般常理，一个国家对他国之间的领土争端不予表态，合乎国际关系常规，无可非议。但是，美国作为全球第一大国，对伊科紧张可能引起中东海湾局势动荡不可能毫无察觉，这种所谓的“中立立场”背后的动机何在？同其在全球战略的利害关系何在？美国葫芦里卖的什么药？

美国乘机调整战略

在美国人眼里，伊拉克不同于其他海湾国家，属于“另类”。两伊战争长达八年，美完全站在伊拉克一边，提供武器和情报资源。当时的美国国防部长拉姆斯菲尔德，战争期间多次造访巴格达，见到萨达姆时，两人又是握手，又是拥抱。

对萨达姆而言，当然希望美国支持他称霸中东海湾。可以说，美伊双方，都有利用对方的一面。萨达姆刚刚结束两伊战争，野心更为膨胀，称自己领导伊拉克取得战争胜利。有人说，萨达姆时代的伊拉克，成了一部“战争机器”。海湾国家感到从巴格达吹来的冷风，战争似乎迫在眉睫，而美国，在伊拉克对科威特动手后，立即抓住有利时机，大举军事进驻中东海湾。美国的战略部署，远远超出干预和制止伊科冲突的范围。

应该说，在东欧剧变后苏联解体前，美国需要在中东打一场战争。1985年戈尔巴乔夫上台后，苏联疆土分裂，国势衰微，走下坡路，无力与美国抗争。海湾战争，恰恰反映了美苏两霸争夺态势出现失衡。海湾一向是美国石油战略基地，商品和军火市场，伊拉克发动侵略后，美国如不做强烈反应，萨达姆野心不会止于科威特。美国有同沙特等海湾国家的联防，一方面防止战火扩大，保住传统势力范围，另一方面乘势将军事部署扩大到波斯湾（阿拉伯湾）。

解开“格拉斯皮谜团”的密码，不在别处，就在华盛顿。

“战斗之母”和“沙漠盾牌”出笼

伊拉克入侵科威特当天，美国在安理会要求伊拉克立即从科威特撤军。8月6日，美驻伊代办奈尔逊会见萨达姆，明确美要求伊从科撤军的立场，萨达姆的答复是：科威特的现状“不容改变”。过了两天，伊拉克宣布科威特是伊的第19省，定名为“卡迪西亚省”。美国总统布什要求伊拉克无条件撤军，宣布“我们决心采取一切必要行动，保卫我们在海湾的长期、重要的利益”。白宫命令，在太平洋的“独立号”航母等六艘舰只迅速开往海湾，制定了“沙漠盾牌”行动计划。美国向沙特和海湾地区大举运兵，英法等北约国家同美协调行动，纷纷派出军事力量。

8月10日，在开罗召开阿拉伯首脑会议，20个阿拉伯国家中，埃及等12国同意派出部队去保护沙特。不久，20个国家参加的多国部队进驻沙特。

与此同时，伊拉克扣押“敌对国”在伊科的人员，作为人质关押。伊拉克应对国际争取政治解决危机的努力，极力与之周旋，同时拖延时间，有意将占领长期化，变成既成事实。萨达姆宣布伊拉克为阿拉伯民族而战的“战斗之母”军事行动开始，同时提出三点从科威特撤军条件：一、以色列撤出全部阿拉伯被占领土；二、叙利亚撤出黎巴嫩；三、外国军队撤出沙特。对此，美、以、海湾国家断然拒绝，反对海湾危机同巴勒斯坦问题挂钩。

8月中旬，伊拉克同伊朗迅速媾和，双方达成划界、换俘和伊拉克撤军等协议。伊朗宣布在海湾危机中保持中立，反对大国在海湾驻军。

同时，伊拉克又提出“无条件地”同美对话，寻求解决危机的办法。

9月9日，布什和戈尔巴乔夫在赫尔辛基会晤，讨论海湾危机，双方联合公报呼吁伊拉克无条件从科威特撤军，恢复科威特合法政府和释放人质。布什主张必要时对伊拉克动武，戈尔巴乔夫则强调和平解决危机。这次会晤前，萨达姆发表致美苏总统公开信。9月13日，安理会接连做出决议，要求伊拉克释放被其扣押的外交人员和侨民，对伊科实施空中封锁。

到了10月中旬，美国“沙漠盾牌”计划大体完成，美B-51空中运输机日夜兼程，向海湾地区运兵，驻扎海湾地区的美国三军总兵力达21万人，进攻性战略部署加紧进行。

这时，伊拉克在边界集结43万军队。两军对垒，处于僵持状态。国际调解活动更趋活跃，10月下旬，伊拉克分批释放人质，300名法国人、14名美国人、33名英国人，并许诺释放苏联人。美国此时担心伊拉克使用“人质外交”，还担心西方或苏联搞“绥靖政策”，分裂反伊联合阵线，通过安理会继续对伊拉克施压。布什宣布美国再增兵20万，伊拉克决定增兵25万，萨达姆要求同美对话，遭美拒绝。这时的海湾，已是剑拔弩张，一触即发。形势还在发展。

二、一进巴格达——随钱其琛外长出访中东海湾四国

危机久拖不决

海湾危机牵动全球，举世观望。苏联式微，自顾不暇；美国乘机而动，白宫向海湾调兵遣将。萨达姆是否从科威特撤军？一时间，各方对危机发展估计不一。有一个说法十分有趣：战争和和平的可能性同时增长。

9月间，我们根据局势发展，对各方动态做了分析，大体是：

美国方面：20世纪30年代起，美在中东扩展势力范围，二战后，两霸争夺十分激烈，美目标是变中东为海外战略要地。石油能源是战略核心利益，中东海湾“油池”基本为美把持，苏联力争一席之地。20世纪后半期，中东冲突不断，战事连绵，形势反复动荡。这一次，美国反应大，速度快，来势凶猛，似酝酿大的动作。

形势走向，凶多吉少。看来，美国在利用时局做大的战略调整。

保住海湾石油战略利益，美国会不惜一切代价。美前驻沙特大使詹姆士·阿金斯说：“美国控制石油资源的愿望，是美国政府的核心思想。”卡特说：“要不遗余力地保障美国从波斯湾获得石油的权利。”里根总统说

过:“美国绝对不允许沙特变成第二个伊朗。”20世纪70年代初,基辛格对美国的全球战略讲了一句话:“美洲是主体,欧洲是重点,亚洲是侧翼,中东是咽喉,海洋是未来争夺的中心。”

为什么说“中东是咽喉”?就是因为中东的石油资源储量占世界2/3,历来是美国和西方的生命线(美国进口石油的20%、西欧进口石油的35%、日本进口石油的70%都来自海湾)。当前,美国虽然有对伊拉克“以压促变”的一面,但摆出的架势完全是要动手打一场战争。

在外交部,我遇到老领导副部长何英,向他请教。他年轻时身经百战,在外交部当过亚非司司长,对地区事务十分熟悉。他的看法直截了当,他说,“运去那么多的兵力,不是为了打仗才是怪事。而且,进了海湾,还会走吗?再说了,以萨达姆的顽固性格看,他进去了,还会再出来吗?伊不撤军,美国不就有了动武的理由吗?”

后来的形势发展,完全证明了老前辈的远见卓识。

美国要动手,也存在一些麻烦:萨达姆政权不会一下子倒台,对伊拉克制裁短期内难有实质性效果。美国能拖多久?是否会发生越战的情况,陷入战争泥潭?美国大兵集结海湾,每天耗资3000万美元,对取胜有没有绝对把握,胜算几何?媒体估计,打一个月美国可能死伤4.8万人(美国在越南战场伤亡人数5.5万人)。油田被炸后果如何?有消息说伊军在科威特油田安置了炸药。

从长远战略看,美国是在做实战准备,但何时打响,仗如何打?颇费斟酌。

伊拉克方面:萨达姆不会轻易从科威特撤军,但萨达姆是玩弄边缘政策的老手:先是打“人质牌”。伊拉克占领科威特后,把停留在科威特和伊拉克的西方人(包括刚刚下飞机的近400名英国前往科威特的游客)多达3500人扣押起来,后来把部分人质送往化学工厂和军事要地,放话说:如果美国动手,伊拉克不能保证人质的安全。之后,又在先释放哪国人质上要尽花招(最先放的是法国人),企图制造西方内部分歧。

打“巴勒斯坦牌”。萨达姆1990年4月发表讲演,说伊拉克准备用化学武器消灭以色列，从根本上解决巴勒斯坦问题。伊拉克占领科威特后，国际反应强烈，让伊撤出，萨达姆提出：科威特的问题必须同解决巴勒斯坦问题联系起来，要想让伊拉克从科威特撤军，以色列必须撤出约旦河西岸、加沙地带以及叙利亚的戈兰高地。把伊拉克对科威特的侵略同阿以争端“挂钩”，增加了问题的复杂性。

加紧兵力部署。武装民兵和后备役频繁调动兵力，举行大规模军事演习，炫耀伊拉克是“世界第四大军事强国”。

萨达姆种种手法，无非想把军事占领、吞并科威特的局面拖下去，变成既成事实。伊拉克向各国驻科威特使馆发出照会，要求迁馆到巴格达。

当然，萨达姆也有“骑虎难下”的一面。伊军入科威特已有两个多月，在科部署大军40多万，给养十分困难。国际对伊制裁初见成效。95%的伊拉克石油出口停止（只允许每天向约旦出口20万桶石油），国内粮食短缺，开始定量配给。军事设备零件短缺（20%拆卸以补充备件），工业瘫痪，原料进口停滞，外国公司撤员（中国4000人，苏联5000人）。伊拉克国内供给储备仅够维持二至四个月。国际压力日益加重，陷于孤立无援。

萨达姆扬言，不惜打一场“人海战争”，大量杀伤美军，引起美国内变故，迫使白宫从海湾撤军。即便达不到这个目的，也要拼他个“鱼死网破”。

海湾国家的态度如何？海湾国家一向不深层次介入中东争端，以色列也从未染指海湾，关系相对平稳。两伊战乱也没有扩大到海湾国家。但是，这次不同以往。萨达姆对科威特武装占领，直接威胁沙特安危，无异于向海湾“油池”扔进一块巨石，一石激起千层浪，打乱了海湾的平静。科威特担心久拖不决，成为绥靖政策的牺牲品。长此下去，科威特居民被伊拉克“移民化”（科总人口160万，60%在国外，长居国内只有70万，战争外逃20万）。科威特在沙特支持下，强烈要求对伊拉克开战。

但是，阿拉伯国家并不是同一个声音。有些国家虽表态反对伊拉克入侵，但亦不希望美国军事介入。萨达姆在阿拉伯人民心目中还有些威望，认为他是反对伊朗和以色列的“英雄”，巴勒斯坦激进势力支持萨达姆。

在安理会，五个常任理事国中，美态度强硬，英国紧跟美国，法国开始同美接近，苏联开始软化。中国坚持原则立场，主张政治解决，反对军事干预。

美国并不在乎国际上政治解决海湾危机的努力，绝不可能同意萨达姆提出的把伊拉克从科威特撤军同巴勒斯坦等中东问题挂钩。如果同意，不等于损害以色列，给萨达姆加分吗?

局势险恶，百万大军在海湾对垒。中国作为负责任的大国，立场和举动要严肃认真，积极稳妥，经得起历史考验。基于上述分析，中国的立场是明确的：必须恢复科威特主权和领土完整；伊拉克撤军不能同巴勒斯坦问题挂钩。在安理会讨论对伊拉克动武问题，中国原则立场是先做各方工作，积极争取和平解决。如安理会最后做出对伊拉克动武决议，则视情而定。

钱其琛外长出访中东海湾四国

1990年10月15日，约旦国王侯赛因向中国驻约旦大使提出，希望中国派高级特使访问伊拉克和海湾地区。此前，阿曼、巴勒斯坦也提出类似建议。

综观世界全局，着眼海湾和平，中共中央决定：派钱其琛外长于11月6日至13日，以特使的身份，访问埃及、沙特、约旦和伊拉克。

中共中央对于是否派出高级代表团或特使前往海湾地区有关国家，包括去伊拉克，努力争取和平解决海湾危机，经过了再三的斟酌和考虑。

自从1956年中国同埃及建交，中国同阿拉伯国家长期保持正常友好的关系，政治经济文化往来不断发展。中东出了这么大的事，中国没有什么具体行动，用老百姓的话说，有点说不过去。

到了11月初，萨达姆表示，愿意在互相尊重的基础上同美国对话，呼吁直接谈判。美国重申伊拉克必须从科威特撤军。此时，安理会已是忙得热火朝天。中国常驻联合国代表李道豫大使，通宵达旦出席解决海湾危机的会议，紧张十分。为了同国内保持密切联系，李大使带着移动电话，24小时随时“热线联系”。据说，李大使在会议现场还多次同国内通话。

中国派团或派特使出访，有足够理由：一、中国是安理会常任理事国，世界五大国之一；二、中国同阿拉伯国家长期保持友好合作关系，都是老朋友，包括沙特（1955年万隆会议上，周恩来总理见过沙特外交大臣费萨尔亲王，后来费萨尔继任国王）；三、对海湾危机，中国立场公允、公正，不带私心，不谋私利；四、中国同冲突各方都能说得上话，尤其是刚刚同沙特建交（1990年7月），有条件到海湾大国沙特那里听听意见。

还有一层，8月2日海湾危机以来，不少国家高级官员、联合国官员，以及国际知名人士，走访巴格达，劝萨达姆撤军。美、英、法等西方国家成立了联军，成了伊拉克的对立面，断绝了直接官方接触，更谈不上有官员往访。有分量的阿拉伯国家在奔走一番之后，也有意无意地对伊拉克有所回避。有的阿拉伯国家领导人希望中国派出特使去海湾做做工作。

形势对中国外长出访是有利的。走出去，用实际行动说明中国反对一切形式的霸权主义，维护世界与地区和平的外交政策。这对提高中国国际地位、扩大在中东和海湾地区的影响，会有好处。

11月初，中共中央决定：钱其琛外长出访埃及、沙特、约旦和伊拉克四国。代表团成员有：西亚北非司司长王昌义、驻科威特大使管子怀、驻伊拉克大使郑达庸、外长秘书沈国放、西亚北非司副处长杨洪林、礼宾司副处长王华根、西亚北非司三秘李华新、翻译室随员姜江。随行人员各司其职，工作各有安排。出于工作之便，管子怀大使不去伊拉克。

我作为正式成员参加了代表团，但我还没有赴任，尽管还没有递交国书（根据国际惯例，新任大使必须递交国书或国书副本后方能开始活动）。好在我是钱外长的随行人员，伊方又已经知道我是新任大使，问题不大。

后来，在伊拉克活动时，伊方委实把我当成中国大使。组织上的这种安排，有先见之明，对我日后开展工作极为有利，我内心十分感激。

出发前，向联合国661委员会申请钱外长专机飞往海湾。代表团决定

钱其琛（中）与代表团全体成员合影

11月6日出发，行前有许多准备工作。一周内（11月6日至13日）访问四个国家，如果按照国际航班安排，访问日程很紧，且伊科上空已经封锁。故决定打破常规，向联合国专门负责对伊制裁的661委员会申请，获准飞经伊科上空。

钱其琛出访，引起国际广泛注意，举世关注国际斡旋，哪怕仅有一线希望，也要争取和平解决。中国外交部迅速收到出访四国政府欢迎钱外长访问的回音，答复来得很快。

经商定，访问日程是：11月6日至7日访问埃及，7日至9日访问沙特，9日至11日访问约旦，11日至13日访问伊拉克。这个日程是调整后的方案，出访前不久，传来贝克11月3日访问中东，他希望安排在埃及会晤钱外长的消息，中国同意了。不久，美方又提交一份“非文件”，内容称，两国外长会晤“将是有益的，有助于加强安理会五常在伊拉克必须从科威特撤军应恢复科威特主权问题上的一致立场”。鉴此，中国对出访顺序做出调整，在开罗增加一次会晤安排。

出访前，钱其琛强调，出访性质比较特殊，主要是到海湾现场做些了解和调查。我们的方针是：广泛听取各方意见，不带解决方案，不充当调解人，劝说伊拉克从科威特撤军，争取海湾危机和平解决。危机爆发已经三个月，形势仍然紧绷，伊拉克“骑虎难下”，美国“箭在弦上”，看不出哪一方有退让之意。国际上，大家都唱和平调，争取政治解决，很得人心。

随行人员一行随钱其琛登上专机，从北京出发到开罗需要12个小时。专机使用波音767，一周内计划飞行30个小时，行程2万多公里。

11月6日清晨9点，专机从首都机场南停机坪起飞。北京已是初冬，天气阴冷，寒气袭人。大家却都着轻装，因为出访的国家位于干旱的热带地区，虽说是11月份了，那边天气还很炎热。在专机上，机组人员细致热情周到，尽职尽责，大家很感亲切。

一路上要飞12个小时，照理说可以好好睡上一觉。不知怎的，我难以入睡，脑子里翻来覆去琢磨出访的前景。听说外交部礼宾司老司长韩叙，能准确把握睡眠时间，说睡就睡，说醒就醒。他是个拿得起放得下的人。

飞机升上高空，穿过云层。我想，从也门回国已四个多月，发生了始料不及的海湾危机。钱外长受命出行，任务重，时间短，短短一周，作为五个常任理事国中唯一出访中东国家的外长，穿梭于海湾中东几国，和多位国家领导人会谈，在中国外交史上，算是一次不多见的，有关危机处理的，具有特殊意义的“穿梭外交”活动吧。自己有幸随同出访，可以近距离看到钱外长如何针对不同对象，既坚持原则又不失灵活性，体现外交技巧和艺术。跟在外长身边，就像参加一次实习或是学习班，对今后工作有极大裨益。我对自己说，好好学习吧。

在开罗“巧遇”美国务卿贝克

我对开罗不算陌生。1957年12月，郭沫若、刘宁一率领庞大代表团出席在开罗召开的第一次亚非人民团结代表大会。我当时还在北大东方语言系学习阿拉伯语，上大四，被借调陪团出访，当个小翻译，在开罗待了10天。当时埃及刚刚收复苏伊士运河，反帝反殖形势高涨，大街小巷充满革命激情的爱国气氛，十分感人。1958年，我分配到外交部工作，次年6月前往苏丹喀土穆，参加筹建中国大使馆工作，在苏丹工作一干就是六年，经常去开罗出差办事。在苏丹的时候，阿拉伯朋友对我说，喝过尼罗河水的人离开了尼罗河，还会回来的。苏丹和埃及共享尼罗河下游，我喝过尼罗河河水，数年后重返开罗，这句老话应验了。

专机抵达开罗是下午3点钟，代表团下榻子午线酒店。

进了酒店，紧张的工作就开始了。因为钱其琛和贝克的会晤定在下午3点，我们迅即奔赴开罗老机场。4点钟，钱外长与贝克见面。

中国外长钱其琛和美国务卿"巧遇"开罗，这是对外的说法，因为钱外长在开罗期间，贝克也在开罗同穆巴拉克总统会谈海湾危机问题。美政府获悉钱外长出访中东，私下要求在开罗安排见面。美国重视中国在联合国安理会的作用，很想就伊科争端摸摸底。由于贝克当天就要离开开罗，会谈就安排在贝克专机起飞的开罗老机场。

贝克开门见山，寒暄几句就转入正题。他强调了几个方面：第一点，美国要继续制裁伊拉克，继续向海湾增兵，全面施加政治、军事和经济压力。伊拉克必须撤出科威特。一旦危机解除，美会从海湾撤兵，只保留二战以来在海湾的海军力量。如果制裁无效，希望中国不要阻挠授权对伊拉

1957年，埃及总统纳赛尔（前左）为郑达庸（前右）签名留念

克采取一切必要的行动，包括军事行动。第二点，美国反对“部分解决方案”（指伊拉克撤军但换取跨越边界的整个鲁迈拉油田，布比延岛等出海口），贝克说这无异于对伊拉克侵略行为给予奖赏。第三点，美国也反对伊拉克撤军后立即召开解决阿以争端的中东问题国际会议，这一点埃及也是反对的，如果同意，萨达姆岂不成了解决中东问题的“英雄”？

贝克同时强调，美国恪守对以色列安全的承诺，还会同埃及、沙特、摩洛哥等国一起推动中东和平进程。

钱外长告诉贝克，他此次出访中东，目的是同有关阿拉伯国家领导人探讨和平解决危机的可能性。中国没有方案，我也没有被授权进行调解。我们在安理会框架内，对伊拉克领导人进行劝说。我会坦率地告诉他们，他们面临最后选择，要么从科威特无条件撤军，要么遭受严重灾难。目前爆发战争的危险越来越大，同时国际要求和平解决的呼声也在增长。中国对海湾局势感到不安和忧虑。尽管中美之间存在一些分歧，但双方在这个问题上的合作不错。

钱外长强调，只要存在一线希望，国际社会应力争和平解决争端。中国也认为，把伊拉克入侵科威特同中东诸多问题一起解决是不现实的，也没有好处。但是，如果美国能够强调对解决中东问题的关切，会有助于解除阿拉伯国家的疑虑，对争取阿拉伯人民有很大作用，并不会转移人们对解决海湾危机的注意力。

贝克问钱外长：中国方面认为对伊拉克制裁多少时间可以奏效？如果制裁无效，能否考虑其他手段？钱外长说，对制裁奏效所需时间很难做出准确估计，各国所处环境不同，看法也不同。

看来，贝克最关心的就是中国对动武所持态度。钱外长表示，中方希望对世界有影响的大国能看得远一些，和平解决所需要的时间长一些，这样做，后遗症可以少一些。钱外长转而问贝克，美国派军驻扎沙特，说是为了保护沙特的安全，现在科威特埃米尔要求美军解放科威特，美国若为此采取军事行动，能否将其限于科威特境内？贝克回答：要解放科威特，就必然需要对伊本土采取军事行动。

钱外长和贝克谈了一个半小时。贝克一再强调，美国强硬立场不会改变，对和平解决危机也不抱乐观态度。

听话听音，贝克对中国做出的和平努力并不给予积极表态。

看来，贝克急于会见钱外长，一是摸清中国对美国动武可能的反应，再就是打算“先入为主”，对中国施加影响：谁也不得干预美国在海湾危机的主导地位，打乱美国的战略部署。

这场会谈对中国有利，代表团出访伊始，先摸到美国的底牌，第一手了解到美国立场，不无好处。

会谈结束，代表团在酒店就餐。钱外长不顾旅途劳顿，前往驻开罗使馆，看望使馆同志。詹世亮大使热情接待，使馆人员见到钱外长非常高兴。

穆巴拉克开门见山

11月7日上午，埃及总统穆巴拉克来到钱外长下榻的子午线酒店，同钱外长见面。埃及是中东大国，在地区事务中举足轻重。穆巴拉克生于1928年，毕业于埃及军事和空军学院，三次赴苏联学习，萨达特总统时期任空军参谋长，1967年指挥埃及空军在中东战争中作战。他是中国的老朋友，多次访华，同中国领导人比较熟悉。

穆巴拉克亲临酒店，可谓破格礼遇，库巴宫是埃及总统会晤外宾的场所。穆巴拉克听说钱外长日程很紧，一天连续三场活动，主动要求安排前来酒店会晤，免得客人奔波。

老朋友见面，谈话无拘无束，坦诚相见。穆巴拉克告诉钱外长，7月24日他曾经走访了伊拉克、科威特和沙特三国，当时伊拉克还没有发动侵略。萨达姆对穆巴拉克说，伊拉克不会对科威特采取军事行动，穆巴拉克随即把这个许诺告诉科威特和沙特领导人，还和沙特国王商量，一起安排伊科两国领导人在沙特吉达会晤。就在吉达会晤还未结束，伊拉克发动了侵略。萨达姆言而无信，看来早有预谋。穆巴拉克说，局势十分危险，如果美国实施武力，萨达姆没有还手之力。

埃及总统又说，希望钱外长访问伊拉克时，让萨达姆意识到局势严峻，不从科威特撤军，对他本人，对他的国家，都会带来巨大灾难。如果萨达姆不采取灵活态度，面临的只有军事解决。埃及一直规劝萨达姆从科威特撤出，但屡遭拒绝。钱外长表示，一定会向伊拉克说明，怎样做才能保全自己的国家，也希望埃及继续利用自己的影响，为和平解决继续做出努力。

会谈快要结束时，钱外长问穆巴拉克，如果战争爆发，中东是否将长期陷于动荡？穆巴拉克答复是肯定的，他说，战争将波及整个海湾，但以色列不会卷入。他说，保全面子的办法还是有的，但是萨达姆不会接受任何理智的建议，不响应国际社会的呼吁，那就只剩下军事解决了。钱外长又问，那么，还有没有不流血的方法解决问题呢？穆巴拉克面容严肃地说，不流血，伊拉克必须撤出科威特，没有别的不流血的办法。

谈话结束后，钱外长稍事休息，在同一酒店，又会晤了埃及副总理兼外交部长、阿盟秘书长阿卜杜勒·马吉德。马吉德年过70，是资深外交家。对阿拉伯事务，经验丰富，足智多谋，是穆巴拉克身边的重要谋士。

马吉德笑容可掬，学者风度，很高兴见到钱外长，热情地和大家握手。会谈开始，马吉德首先感谢钱外长对阿盟的重视。随后介绍了伊科关系紧张的过程，他说，萨达姆搞欺骗，对科威特搞突然袭击。伊斯兰国家外长开会，伊拉克代表要求埃及不要持反对态度，埃及明确坚持原则立场。

钱外长向马吉德阐述了中国对海湾危机的原则立场：安理会通过了10个决议，中国都是投赞成票的。这次去伊拉克，我们的任务很艰巨呀。马吉德点头说，他完全理解这一点。这次会谈简短，双方就形势交换了看法。随后，马吉德在酒店为钱外长举行午宴。

沙特外交大臣忧心忡忡

专机从开罗机场起飞，前往沙特阿拉伯。驾驶员没有飞过此地，没有航行路线图，只能凭借地图掌握飞行航线。专机一路东行，越过浩瀚的红海。从机舱向下望去，红海东岸出现了一望无垠的土地，黄色的是沙漠，灰色的是山脉，山谷中冲刷出的低谷时隐时现。不久，海湾线上出现一处狭长地带，蜿蜒曲折，那就是沙特西海岸上的一颗明珠——吉达港。我们到沙特了。

吉达是港口城市，沙特最大的商港，全国80%商业活动聚集在此。吉达又是海滨城市，海岸线长达70公里，海滨大道上布满伊斯兰文化和现代文化建筑艺术的融合雕塑作品。吉达又有“红海新娘”的美誉，据说这里有人类祖先“夏娃”的墓地。伊斯兰教创建以来，世界各地穆斯林到此朝觐，从吉达前往麦加和麦地那。15世纪，郑和七下西洋，五次在吉达留下了足迹。

其实，钱外长不久前刚刚来过沙特，1990年6月下旬，同沙特谈判建交，钱外长访问了吉达。沙特是阿拉伯国家中同中国建交最晚的一个，中国驻吉达的商务代表处提升为大使馆，中国台湾驻沙特“大使馆”降为商务文化代表处。中沙建交，正值1989年春夏中国发生一场政治风波之后，在国际引起不小反响。

专机徐徐降落，沙特外交大臣费萨尔亲王率官员等候迎接。代表团乘坐一水儿黑色高级奔驰，车队向国宾馆驶去。放下行李，代表团立刻进入宽敞的会客室。会谈桌子中间摆着中沙两国国旗。看到这副情景，我油然产生感慨，从1956年中国同埃及建交，已有34年了。1990年，我们终于和沙特建交了，阿拉伯世界22个国家，全部同中国建立了外交关系，这不能不说是中国国际地位提高，受到阿拉伯世界重视的结果，也是中共中央制定的外交方针的胜利。桌子上面两国国旗并列，来之不易呀。

钱其琛（前排左二）抵沙特访问，沙特外交大臣费萨尔亲王（右）在机场迎接

只要是朋友，不论早晚，终会走到一起。

费萨尔亲王50多岁，是已故费萨尔国王的儿子。这位亲王高大英俊，身材挺拔，衣着阿拉伯大袍，风度儒雅。早年毕业于美国普林斯顿大学，获经济学学士学位。20世纪70年代任石油矿业大臣。1975年开始任外交大臣。在国内诸多亲王中，费萨尔亲王享有很高威望，受到国内国际的尊重。

在会议室，费萨尔与钱外长亲切握手，伸出右手示意钱外长入座。亲王首先介绍坐在他身旁的外交部次长曼苏尔（也是法赫德国王的外事顾问，经常在吉达办公）。会谈一开始，亲王风趣地问钱外长，中国的人口统计完成了吗？钱外长说，大约11.3亿人口。亲王惊讶地说，每年增加一个澳大利亚？大家都笑了，会谈气氛顿时轻松下来。

费萨尔说，钱外长来访，提供了我们就海湾问题交换意见的宝贵机会。今天先进行讨论，下周阁下再会见法赫德国王，到时候详细谈谈伊拉克入侵科威特问题。这场危机是伊拉克挑起的，他们早有准备。8月1日，伊科在吉达会晤，说好了还要再谈，没想到伊代表离开吉达七个小时以后，伊不宣而战，当时伊科代表就坐在我们现在会谈的地方，就在这个会议厅。会议厅是历史见证，伊拉克用谈判掩护军事行动。即便如此，我们还是继续做工作，邀请伊拉克革命委员会副主席易卜拉欣来沙特会谈。形势所迫，为了自卫，我们要求兄弟友好国家支持我们，对付强大的伊拉克军事力量。目前，是战还是和，选择权不在沙特手中。

亲王表示，沙特支持联合国和阿盟决议，解决危机的唯一出路只有伊拉克无条件从科威特撤军，恢复原来的科威特合法政府，别无其他选择。沙特期待中国支持让伊拉克撤军，使得科威特合法政府恢复职能。在中国和安理会支持下，恢复我们这个地区的和平。沙特诚挚地希望中国发挥作用，为地区和平奠定基础。

钱外长感谢费萨尔亲王的讲话，接着阐述中国立场。他说，我们的立场很明确，自"8·2事件"以来，我们在安理会对有关决议都是投了赞成票的，并且严格执行决议。目前形势严峻，和平解决呼声增高，爆发战争的可能性在加大。这次出访，我们不提解决方案，也不充当调解人，目的就是听取意见，讨论和平解决危机的可能性。他强调说，中国特别重视沙特在中东海湾和国际事务中的作用，你们是地区稳定因素，对推动中东和平进程，维护海湾稳定起了重要作用。

会谈还涉及双边关系发展问题。沙特方面建议对沙特的访问分成两段，先由外交大臣会见钱外长。看来，沙特想在钱外长会见萨达姆之后，听听萨达姆的最新表态。客随主便，尊重沙特方面的安排。礼宾官员和机组颇费心机，调整路线，为再返回沙特做出特殊安排。

拜会流亡沙特的科威特王室

会晤费萨尔亲王后，当晚，专机从吉达起飞，飞往沙特"夏都"塔伊夫，会晤科威特元首埃米尔贾比尔·艾哈迈德和王储兼首相萨阿德。

塔伊夫是个山城，海拔1000公尺，距离吉达约200公里。那里气候凉爽，是避暑胜地，建有王公贵族的行宫。当年沙特老国王打江山的时候曾在这里居住。城市不大，人口少，商业活动不多。新中国成立前，不少新疆人和西北地区马步芳、马鸿逵军阀后代和亲属在此定居。科威特遭到入侵后，元首和王室人员、内阁大臣逃亡沙特，避难于此地。沙特国王法赫德提供了行宫和高级酒店，还向科威特难民捐款救助。沙特王室在科威特王室遇难时出手救援，是有历史渊源的。历史上，沙特王室祖辈曾败走科威特，在科威特避难养生，再聚力量。20世纪初，老国王阿卜杜勒·阿齐兹从科威特长途跋涉，南下一举攻取利雅得，统一南北汉志建国。历史渊源，使得两国王室成为生死之交。

代表团的专机起飞不久就开始降落塔伊夫，时已傍晚。在串串灯光中，隐约地看见山城的轮廓。科威特外交大臣等高级官员在机场等候。钱外长走下舷梯，同他们握手寒暄，随即乘车前往埃米尔住地。

沙特王室告诉埃米尔说，这里就是你的领土，一切事务由你们管理，科威特流亡政府就在这里办公。根据安排，钱外长先拜会埃米尔，后见王储首相萨阿德（他们分别属于科威特的两大家族，轮流担任国家元首职位）。

我们一行跟在钱外长后面，鱼贯而入会客大厅。大厅宽敞而富丽堂皇，埃米尔坐在正前方的沙发上。看到客人，他起身迎客，紧紧地握住钱外长的手，客气地请他入座。钱外长拿出杨尚昆主席的信交给埃米尔，转达杨尚昆的问候，并请埃米尔多加保重。

钱外长说，我奉政府之命出访，中国对海湾危机十分关切。中国不当调解人，也没有解决方案。中国的立场是通过联合国安理会决议解决危机。伊拉克必须撤出科威特领土，恢复科威特原有的合法政府。我将前往巴格达，面见萨达姆。直接向他说明，伊拉克面临严峻局势，让他做最后抉择，同时也听听他的意见。

埃米尔坐在那里，仔细听取钱外长的谈话。我不由得想起，1985年我曾随同姚依林副总理访问过科威特，见过埃米尔。现在再见到他，变化太大了。埃米尔脸色苍白，身体消瘦，还有些驼背。是啊，就在不久前，国家被占，人民惨遭杀戮，国家财富被抢掠一空，如今逃命他乡，作为一国之首，怎能不忧心忡忡。他的目光不很明亮，常凝视前方，说话声音轻微沙哑，不时干咳。显然，健康状况大不如前。

埃米尔首先回顾他1964年访华情况，他是海湾国家领导人中第一位到中国访问的。他说，我们是中国的老朋友，中科关系历史久远。就在人类进入20世纪末，居然发生伊拉克侵占科威特，这是任何人不能接受的。企图把一个弱小国家从地图上抹掉，在20世纪不应该发生。有鉴于此，中国采取了原则立场，过去和现在都坚持这一立场。伊拉克利用占领，对科威特人民大肆屠杀。科威特儿童出生率很低，他们现在十分瘦弱，缺医少药，这样下去，不需多久，科威特人民就全部被消灭了。

他接着说道，伊拉克占领科威特以来，人们给伊拉克执行安理会决议的机会，结果怎么样呢？科威特人民死的更多。阿拉伯首脑会议、伊斯兰组织会议、安理会，都做了决议，但伊拉克在玩弄手段。如此下去，光靠决议解决危机，毫无价值。我们希望他们执行决议，但他们拒绝。我们要求友好的中国朋友们努力迫使伊拉克执行决议，不要给伊更多机会玩弄手法了。萨达姆说，科威特已经不存在了。

说到这里，埃米尔十分激动，身子略向前靠了靠，对钱外长说，请外长阁下转告中国政府，我们相信中国会对伊拉克加大压力，不给伊更多机会欺骗世人。对此，钱外长当即表示，埃米尔殿下的讲话，我当即转告中国政府。中国政府和人民同情科政府和人民的遭遇。伊拉克所作所为，理应受到全世界的谴责，对伊制裁开始在起作用，伊越来越困难了。钱外长还说，海湾危机处于非常危险的阶段，尽管国际上存在些不同看法，但广泛认为，伊拉克必须从科威特撤军，只有撤军，才能让人们看到伊拉克在执行决议。我这次去巴格达，就是要做这方面的工作，但能否有结果，还难说。如果萨达姆丧失理智，自取灭亡，那就咎由自取了。中科合作历史长久，我这次把我们派驻科威特的大使带来了，说明中国同科威特继续保持外交关系。中国在所有国际组织中，坚持承认科政府的存在。不久前，北京举行亚运会，科威特被邀请参加，而伊拉克被拒绝与会。我认为，有人企图把科威特消灭掉，这是不可能的，我有这个信心。

听了钱外长如此坚定而诚恳的谈话，埃米尔说，我们是准备去参加亚运会的，但不幸，亚运会执行委员会主席、我的侄子法赫德亲王，在伊拉克侵科战乱中被杀害了。钱外长说，我们非常怀念法赫德亲王，他为亚洲体育运动事业做出了贡献。埃米尔提高了声调说，我们祝贺亚运会取得成功。这时，他站起身来，握住钱外长的手，深情地说，我相信中国政府的立场，会继续不断地同科威特合作。希望中国政府采取强硬立场，推动伊拉克尽快撤军。

结束了同埃米尔的谈话，钱外长到另外一个大厅。大厅堂前站有不少科威特高级官员，似乎在窃窃私语。看到钱外长走过来，大厅顿时安静下来，好像连他们穿的阿拉伯大袍子走起路来发生的响动都听得见。时近傍晚，行宫各处掌灯，大厅顶上的大吊灯上挂着无数小水晶灯，闪烁着五彩光芒。宫内一派豪华装饰，颇有皇室气派。但与此氛围形成鲜明对比的是，大堂内气氛凝重，一片沉寂。官员们面色沉重，逃亡在外，寄人篱下，那般处境颇使人感同身受。大厅中央摆满各种介绍科威特历史的材料、揭发伊拉克侵科罪行的册子。我拿了几本放在公文包内，回去好好阅读。

接下来拜会首相萨阿德。萨阿德亲王身材高大，壮实，肤色棕黑，两只大眼睛向外突出，嘴上边是浓密的一字胡须。他声音洪亮，连声对钱外长说，欢迎外长阁下来访。科方陪见的有外交、国防、计划、住房、城乡事务、宗教、教育、新闻、劳动和司法等内阁大臣。

首相说，我十分赞赏阁下刚才同埃米尔的谈话，阁下的谈话坦率、清楚、明确。作为朋友，就要坦率，不搞外交辞令。这体现了双方了解和信任。中国是大国，一直对阿拉伯和巴勒斯坦事业坚持正义立场。中国对外政策，坚持和平，由人民主宰自己命运。我们希望中国能发挥突出作用。萨阿德说，就在伊拉克入侵前四个小时，我还在吉达同萨达姆高级助手会谈，寻找解决分歧的方式。此前，我们也向萨达姆建议，在阿盟内成立一个专门委员会解决分歧。伊拒绝后，双方又决定：第一次在吉达，第二次在巴格达，第三次在科威特，举行三次会谈。但我返回科威特仅仅六个小时，伊拉克大军就开进科威特领土。这清楚地表明伊拉克蓄谋侵略科威特已久。

萨阿德越说越生气，指责萨达姆根本不理会安理会等国际组织的决议，“661号决议”对萨达姆政权影响微乎其微。他说着，满脸怒气，愤懑地说下去：伊军在科威特境内大肆逮捕年轻人，特别是15岁到20岁的年轻人，把他们一部分关押在监狱，看到有的年轻人手持埃米尔头像，就地处死。不经审判，把人带到自家门口打死。伊军还把病人赶出医院，劫走医疗设备，把学校的课桌椅子也抢走。对老百姓住宅破门而入，抢走财宝、汽车，把商店仓库的食品和生活日用品抢劫一空。取消使用科威特货币，只准使用伊拉克第纳尔，汽车一律换成伊拉克牌照，强迫科威特人改变国籍，迫使他们离开自己的家园。

首相说，但是，我们的人民，宁可受到欺辱，遭到抢劫，不愿离开祖国，坚持留下。我们明白，萨达姆是要改变我们国家的结构。首相说，我们向中国呼吁，对海湾危机给予更加高度的重视，可以采取任何方式，迫使萨达姆的军队从科撤出。

钱外长认真听取首相的谈话，他说，请首相相信，中国人民支持科威特人民，这一点毫无疑问。中国100年来遭受外国入侵和掠杀。我们反对任何一国侵犯他国。国际社会定会揭露伊的罪行。中国对安理会10个决议都投了赞成票，并认真执行。中国公司损失很严重，随着时间推移，制裁会使伊陷入困境，伊玩弄手法，不会得逞。

首相认为：到目前为止，制裁是失败的。萨达姆可以适应制裁，他活得下去，现在萨达姆还在玩弄时间牌和人质牌。有两点要说明：一、安理会应该做出新的决议；二、安理会要把制裁限定在一个时间段内。否则，科威特人民受屠杀不知要持续到何时。我们向世界呼救。

钱外长表示，制裁起到了一些作用，但萨达姆还在耍手腕。在根本问题上，尚未做到让萨达姆撤军。首相说，伊释放人质，企图在五大国之间制造分裂。钱外长说，萨达姆只有从科撤军，才能避免遭到军事进攻。一切问题要从撤军谈起。

首相对钱外长的谈话表示满意。

此时，坐在一旁的科外交大臣说话了，他对钱外长说，阁下将去约旦和伊拉克访问。阁下可能举行记者招待会，我们希望阁下在记者招待会上说明访问目的是执行安理会决议，而不是居中调解。我们担心，记者会利用阁下的谈话做文章，意图是分裂国际社会。阁下作为中国政府代表，不是来调解，而是要警告伊拉克，他们面临严重的危险。对这段话，钱外长表示完全同意。他说，我离开北京的时候就申明，不调解，不提解决方案。

钱外长同科威特首相的谈话，内容具体，重点突出，观点明确，会谈气氛严肃，几乎句句话触及问题的实质。会谈结束时，已过晚餐时间。当天的节目分量真够重的，大家都显得有些疲劳了。钱外长比我们年长，一天跑两个城市，三次会谈，特别是面对被逼走他乡的科威特领导人，充分同情他们的遭遇，认真听取他们的意见、建议，对中国的立场充分加以阐述，即了解到对方的意见和希望，也宣传了中国的严正立场和主张。从他身上，我们看到老一辈外交家的高度责任感和谈话艺术，让人无比钦佩。

担任翻译的李华新也够辛苦的。一天下来，一个人说两个人的话。三次会谈，精神高度集中，还需要具备高超的语言水平和政策修养，说实话，没有好头脑、好身体，是完成不了任务的。我对小李说，你辛苦了！累了吧？小李还没有从紧张的工作状态中走出来，连说：没什么，没什么，大家都辛苦了。好钢用在刀刃上，这时候显出功夫了。

大家走向餐厅，阿拉伯菜香扑鼻而来，心想，饱餐一顿吧。没想到，我这个“大肚汉”居然吃不下了，喝了几杯冰水，感觉差不多饱了。大家吃得还蛮投入，盘中菜肴迅速消失。心想，做外事工作，要培养两个本事，一是在宴会席上一边工作一边要能吃饱，特别是做翻译的时候；另外一个功夫是得点时间就来一小觉。因为和代表团出差，往往吃饭、睡觉都打乱了，如果没有这两个功夫，没几天就变得没精打采的，还怎么完成任务。

饭后，代表团驱车前往机场。夜幕已降，沙特司机开车十分老道，车队很长，每辆车之间保持一定车距，山城道路，曲曲弯弯，从车窗向公路前方望去，车队在弯道上形成一道光束，甚是好看。塔伊夫的夜晚宁静，车外寒气袭人。塔伊夫是军事要地，建有空军基地。科威特外交大臣在机场送行，同钱外长握手告别。专机再次起飞，前往首都利雅得。

会见海合会秘书长

大约过了一个小时，飞机开始盘旋下降，一座沙漠绿洲出现在地平线上。从机窗俯视城市，街道灯光明亮，建筑物鳞次栉比，公路双向车辆疾驶，连成两条飞舞的火龙。利雅得是沙特首府，有沙漠绿洲“花园城市”之美称。我后来在沙特任大使，常驻利雅得。这座城市面积约4000平方公里，是沙特第一大城，当年，部落争夺城池要地，群雄逐鹿，沙特老国王带兵打到利雅得，从此统一国家。

专机降落在停机坪。这座机场可够大的，由德国公司承建。机场占地面积据说相当于整个新加坡国土。五座候机大楼，各有不同功能，分国内航线、国际航线、王室专用、私人专机专用，还有一个是后备大楼。建筑风格具有浓厚的阿拉伯民族色彩，远处望去，有如座座帐篷，端坐在沙漠中。

沙特全年炎热，利雅得气候干燥，冬季少有雨水。但是，你一旦进入机场大厅，顿感清凉舒适。此时已是夜间，代表团一行在礼宾官员带领下直奔国宾馆会议厅。国宾馆建筑壮观，宫门警卫戒备森严。大厅地面布满花坛，拱顶由伊斯兰图案的马赛克铺成，典雅美观。国宾馆六层楼，每层有圆形走廊，走廊边又分出五个“巷道”向外辐射。每个“巷道”内有国家元首套间、高级官员套房。这栋建筑是沙特当局为海湾合作委员会召开首脑会议修建的。除沙特外，其他成员国（科威特、阿联酋、阿曼、卡塔尔和巴林）代表团各住一层，每层有大小会议厅。说它是座宫殿也不算夸张，装修实在够豪华，金碧辉煌，现代化设备齐全，墙壁均以黄色为基色调，可以说赶超了国际五星级宾馆水平。管理人员多半来自阿拉伯国家，讲阿语、英语、法语，黎巴嫩人居多。

我抓紧时间，浏览一下会议宫，感受到了沙特自发现石油以后国力大增，经济实力雄厚。休息大厅正面墙上挂着三幅油画肖像，正中是沙特开国元勋阿卜杜勒·阿齐兹，左右两边是国王法赫德和王储阿卜杜拉。我站在这幅油画前留影，这是我在沙特照的第一张照片，那时候还不知道以后有机会到沙特任职，也算是一张有纪念意义的照片吧。

夜深人静，我一人坐在大厅沙发椅子上，欣赏周围的雕梁画柱，紧张工作之余，也算是一种放松。这时候，招待员小伙子给我送来一杯阿拉伯咖啡，另一只手端着盘子，上面放着一小碟椰枣。我喝了一口热腾腾的咖啡，品尝一只椰枣。小伙子有礼貌地朝我笑笑，点点头，转身走了。阿拉伯人待客周到、热情。这时忽然感觉时间很晚了，赶紧回房间吧。我上楼，出了电梯，一下子转向了，每个“巷子”都一个模样。招待员帮忙找到我住的房间，恐怕已是深夜了。

第二天上午，钱外长去海湾合作委员会（GCC）总部，同秘书长比沙拉会谈。比沙拉是科威特人，曾访华，是老资格外交家，自海湾合作委员会成立以来，一直担任秘书长职务。会谈开始，比沙拉先谈了GCC同中国发展合作问题，强调海湾国家可以向中国出口石油和天然气，还可向中国市场投资，建立联合企业，中国可以向海湾国家出口劳务。中国工人讲纪律，负责任，好管理。他说，我们以乐观态度看待GCC同中国的合作。

说到这里，秘书长话锋一转，谈到海湾危机。他说，现在利雅得有20万科威特人，给沙特带来不少难题，他们经常问我，何时能返回故乡？上周GCC召开会议讨论海湾危机问题，取得一致意见：一、伊拉克必须从科威特无条件撤军；二、恢复科威特合法政权；三、不同意部分撤军；四、伊侵科不同其他问题联系（指同巴勒斯坦问题挂钩）；五、必须惩罚伊拉克。为了实现这些目的，现在只是依靠对伊拉克制裁施压，孤立萨达姆，等待制裁奏效。要知道，此时此刻，伊拉克在驱赶科威特人，改变科威特国家结构。伊在利用时间、人质讨价还价，我们不相信外交、政治解决，伊拉克政府也不相信。阁下将前往巴格达，请阁下清楚地说明，伊拉克如无意撤军，战争是下一步选择，伊拉克面临摧毁。

1960年郑达庸在苏丹

针对GCC秘书长的谈话，钱外长指出，我到伊拉克不是去讨论解决办法，安理会已经做出决议。中国立场是明确的，我要告诉他们最重要的一点就是，伊拉克面临严峻局势，如果想拯救伊拉克，如果要和平，就要从科威特撤军，放几个人质，这只是个小动作，不解决问题。看起来事情也简单，但并不容易做到。

秘书长说，科威特不是中国，也不是苏丹，是小国，等待不起。我们感到未来三星期左右，如伊拉克再不撤军，我们只能采取其他行动，只能依靠朋友，包括中国朋友。阁下将要去约旦访问，希望约旦在科威特问题上起积极建设性作用。

会谈结束前，秘书长问，黄华先生现在何处，他是我的老朋友，我邀请黄华先生来访。

在塔伊夫见到流亡中的科威特王室，加上在利雅得与比沙拉秘书长的会谈，给人留下深刻印象。他们日夜焦虑的是：伊侵科已经三个月，萨达姆在拖延时间，企图使侵科成为既成事实。一旦科威特被正式并入伊拉克领土，复国无从谈起。而此时此刻，阿拉伯国家存在分歧，他们特别担心，有人会支持把侵科问题同巴勒斯坦问题挂钩，以解放阿拉伯被占领土为幌子，掩盖伊拉克对科威特的非法占领。同时，他们也担心国际分裂，有的国家出于自身利益对萨达姆妥协，牺牲掉科威特。看来，他们对政治解决已经丧失信心，要求安理会做出对伊拉克动武决议。而对中国，希望不要调解，不要"和稀泥"，支持安理会动武决议。

从沙特方面看，伊侵科是"杀鸡儆猴"，野心不会止于科威特。萨达姆来势凶猛，胃口很大，不是花几个钱就能打发了事，"破财免灾"这招未必好用。萨达姆是个隐患，占领了科威特，进而夺取沙特，只是时间问题。

从北京出来，刚刚两天工夫，亲身体会到形势不妙，战争在悄悄来临。相形之下，国际和平努力障碍重重。代表团任务艰巨，工作难度大。国际上对钱外长访问密切跟踪报道，中国的外交行动很有分量。对我来说，我长了见识，对地区事务增加了第一线了解。

当天是星期四，在沙特是周末（当地双休日为周四和周五）。上午只有一场会谈，大家可稍作休息。晚上，钱外长一行去了使馆，孙必干大使在门口迎接。使馆在一座二层居民楼内，是租的房子。一座小白楼，素面白墙，楼顶上五星红旗招展，十分显眼。钱外长同使馆人员亲切见面，讲话，留影。他鼓励大家跟上形势，做好多种准备。9日是假日，无官方活动。

大家不约而同地在琢磨下一站的访问：约旦和伊拉克两国和海湾国家不同，约旦毗邻伊拉克和以色列，政策受地缘政治影响。萨达姆扩张野心膨胀，善玩弄边缘政策，狡猾多变，反复无常。他能否听劝，来个180度大转弯（就像接受和伊朗的停战）？

一切要等到见了面才能知道。

约旦国王强调阿拉伯范围解决危机

当天下午4时，钱外长的专机离开利雅得，向约旦飞去。越过沙特连绵起伏的大沙漠，只见黄沙遍野，草木不生。接近约旦边界的时候，忽然间乌云密布，飞机在黑色云层之中窜升起伏，窗外时有雷电闪光，机内关闭了一切灯光。飞机开始颠簸。大雨点打在机舱上，雨水顺机窗流下，雨下得不小。是老天爷让我们在体会沙特的干旱之后，来点雨水调剂一下吗？这乌云密布，闪电雷鸣，莫非有什么预示？窗外白茫茫一片，不见天日，莫非预示前景模糊不清？是巧合吗？

飞机降落在安曼机场已是晚间。在细雨蒙蒙中离开机场。安曼是座山城，由七个小山丘组成。气温同利雅得差别很大，颇有寒意。迎接钱外长的约旦外长马斯里身穿厚厚的西服，一些官员还穿上了风雨衣。我们在沙特总嫌自己穿的西服太厚，太热，这回可好了，觉得挺暖和。冷风吹掉了浑身的疲劳，精神为之一爽。

中国驻约旦大使张德良陪钱外长一行前往安曼著名的巴扎拉大饭店。马斯里为钱外长设宴接风。餐厅在最高层，从高大的玻璃窗户向外看去，夜幕下的安曼城，灯光洒遍山城各处，街道盘旋于座座山丘之间，路灯呈伞状，射灯从上到下，从左到右，不停地旋转，看上去十分别致。约旦是旅游国家，在城市布局和灯光点缀上下了功夫。

晚宴开始，气氛比在沙特轻松一些。马斯里外相祖籍巴勒斯坦，说话风趣幽默。约旦官员彬彬有礼，很有涵养，绅士派头，多留学西方。约旦王室和英国王室关系密切，原来约旦国王的妻子就是英国人。席间没有多谈海湾危机，畅谈友谊。坐在那里，只听见刀叉碰到盘子的声音，看来大家都放开肚皮吃饭了。

11月10日上午，钱外长先同马斯里外相会谈。

马斯里说，非常欢迎阁下在关键时刻来访，国王十分重视和赞赏阁下的访问。中国在发挥重要的、先锋的作用。你们去了塔伊夫，那里是避暑胜地，但现在“热度”最高。科威特的立场很强硬，希望早打。我认为，科威特的立场有些神经质，阿拉伯国家之间互相不够信任，搞阴谋，提供错误情报，导致危机。当前，两点必须说清楚：结束伊拉克对科威特的占领；解决扣押的人质。现在伊释放了一些人质，我们认为这样会产生消极影响，因为释放了一些他国人质，只剩下美英人质，反而会成为军事动手的条件。美英派出数十万部队维护地区利益，为了利益甚至会牺牲人质。形势预示军事解决可能性更加临近。

他继续说：伊拉克如采取灵活立场，会形成新的开端，甚至导致解决问题。处理撤军问题，要联系到危机产生的原因。要使伊科达成一致，阿拉伯国家应该发挥作用。为创造气氛，沙特应同伊拉克缓解，这样会导致安排科伊对话。伊科关系是阿拉伯国家之间的双边关系，不像美国所说的，这个接受，那个不接受的问题。以色列支持美国采取军事行动，战略上讲会更加严重。中国有影响，有声誉，有作用，讲原则，伊拉克将听取中国的意见。

针对马斯里的谈话，钱外长说，中国是一个大国，在这一地区不存在特殊利益，我们一向支持巴勒斯坦正义事业，对紧张形势表示关切，如果发展下去，对世界和平和经济发展有很大不利影响。这次访问要寻求探讨和平解决危机的可能性。有两条，世界看法是一致的：一、伊侵科违反国际关系准则，同伊拉克友好的国家也不能为伊拉克辩解；二、几乎所有国家都不主张动武，要求和平解决。有的真正要和平，有的声明要和平。我们不带方案，不当调解人。对已经访问过的国家，都是这么说的。如果发生战争，对伊拉克是场灾难。战争在这里打响，这里成了战场，地区国家受影响。战争结果能否永久解决中东问题？战后就可以搞经济发展了吗？形势会长期动荡。

钱外长告诉约旦外交大臣他同贝克会谈的情况：贝克说过如果对科威特采取军事行动，伊拉克自然要卷入。我看，战争一旦打起来，就会循着战争的逻辑发展，不以个人意志转移。所以在没有打响战争前，要采取一切措施避免战争爆发。如果伊拉克做出温和表示，声明或行动，会十分有利于国际社会的和平努力。伊拉克释放人质有些效果，不会很大。关键是，应对撤军有所表示。关于战争，不能说可以排除。提到联合国，各成员国发表意见，更大的可能性是动武的一方不经过联合国，而是根据联合国宪章第51条进行单独自卫，它的含义是很广的。

钱外长说，作为伊拉克自身利益，也应该保存自己。我们同意中东问题的最终解决，要解决巴勒斯坦问题。海湾危机的解决，有利于中东问题的解决。

这时，马斯里问道，如果美国不经过联合国同意对伊拉克动武，中国如何看待？钱外长回答：如果未经联合国同意，单独采取军事行动，中国反对。

随之，马斯里介绍，约旦国王侯赛因访问了一些阿拉伯国家，就解决海湾危机交换意见，各国都强调伊拉克必须撤军，约旦希望沙特同伊拉克对话。如果避免战争，也符合以色列利益，可以避免遭受打击。美国也考虑到伊拉克可能破坏沙特和其他产油国的油井。把伊拉克消灭掉，这个地区会失去平衡，出现新格局。

结束了同马斯里的谈话，钱外长径直去了王宫会见侯赛因国王。国王表示，约旦一直呼吁伊拉克撤军、释放人质，在国际框架内和阿拉伯范围内解决危机。问题是，有些方面施加了巨大压力，使得和平努力无法继续，有人推动阿拉伯国家采取行动，目的是企图霸占地区资源。侯赛因国王抱怨说，国际社会一味对伊拉克禁运，没有人同他对话。国王赞赏中国原则立场，希望钱外长能以更好、更易为伊拉克接受的方式，和伊拉克领导人展开直接对话。

钱外长说，中国在海湾危机问题上并无私利，只是希望危机能和平解决，为解决中东其他问题创造条件。如果发生战争，对伊拉克是毁灭性灾难，伊的邻国也受到牵连。当前，国际社会对解决海湾危机已有共识，如果伊拉克能采取一些灵活行动，尤其在撤军问题上明确表态，将有助于国际社会争取和平解决的努力。

同国王的会谈时间不长，就到了中午。

在饭店用餐后，约旦外交部秘书长陪同钱外长驱车前往举世闻名的死海游览。大家放松一下。死海在约旦和以色列之间，南北长80公里，面积1049平方公里，水深300米，中部地带最深，有“世界的肚脐”之称。我们去的那天，赶上阴天，细雨蒙蒙，汽车走在山路和丘陵地带上，路面很滑，约旦司机技术很高，熟练地在泥泞道路上行驶。在途中，有座碑石，大家下车观看。那是用大理石砌成的标志碑，上面写着：“海平面”。说明此处比海平面要低392公尺，死海是世界上陆面最低的海，约旦河水流入海中。钱外长在碑旁留影。再往前走不远，看到幽蓝而发黑的海面，死海到了。海里盐分很高，没有任何能生存的生物，称为“死海”可能就是这个原因吧。当然，它含有丰富的矿物质，如钾盐和其他矿物质，有400多亿吨。

到了海边，游人不多。海边有游人用餐和消闲的饭馆、咖啡厅，有为游泳者准备的更衣室。岸边是岩石、暗礁，海浪拍来，时隐时现。岩石都是白色的，上面结成一层白色晶体。我用手挖了一小块，放在嘴里，真够咸的，还有苦味。死海的盐分比一般海水的含盐量多八倍。水里浮力极大，游泳的人都是仰浮在海面，全身不动，双手交叉放在脑后，躺在海里，悠然自得。过去在书的插图上，看到过游人在海面上躺着看书，这次眼见为实了。

约旦人说，照相时要留神相机镜头，如果海水溅上，会腐蚀镜头。主人说，再走一段路程，可以看见五颜六色的珊瑚海底。因为时间短，没有去。我们站在海边，放眼望去，对面就是以色列。听说以色列利用死海提炼钾盐肥料。人们说，死海不知不觉地缩小了，像一个老人一样，渐渐干缩了。

回城后，钱外长去使馆同大家见面，表示慰问，回到饭店已是夜晚。经过几天的紧张，我们到郊外走走，呼吸新鲜空气，觉得很放松。

第二天就要去巴格达了，那可是一场重头戏。我看钱外长神情自若，谈笑自如，真佩服他的精力和水平，看来对以后的会谈已是胸有成竹。对巴格达之行的结果，也八九不离十，心中有数了。

阿齐兹无理辩三分

第二天，11月11日，上午10时许，专机起飞向伊拉克境内飞去。安曼与巴格达陆上距离约1000公里，飞机不久降落在萨达姆国际机场。机场相当现代化，导航、夜航、通信和应急设备属国际一流水平。由于制裁，国际航班多半停飞巴格达，机场显得冷冷清清。

伊拉克外长阿齐兹等高级官员在停机坪等候迎接钱外长。在阿齐兹陪同下，钱外长进入贵宾室，记者跟了进去，连忙拍照，这是安理会五个常任理事国中唯一来访的外长，引起国际重视。伊方也有意突出钱外长的访问，邀很多记者来到机场。双方仅仅寒暄一下，代表团即前往国宾馆。车行驶在巴格达街道，这里的气氛和前几个国家明显不同，冷峻而紧张，街上行人不多。政府高级官员一律着复兴党党服，极似军服，头戴贝雷帽，足蹬黄色军靴，动作很军事化。

国宾馆坐落在临街的一排连体别墅式二层楼房，专用于接待政府高级官员，国家领导人另有专门的高级宾馆。钱外长和王昌义司长住单间，其他均二人一间。看得出来，国际制裁后，伊拉克供应出现困难。房间里的卫生用具，清一色是伊拉克航空公司客机上使用的肥皂、梳子、剃须刀之类随机赠用的简易物品。屋内陈设单一。

下午1点，钱外长同阿齐兹会谈开始。会谈前先让记者拍照。阿齐兹坐钱外长对面，隔着谈判桌子伸出手同钱外长握手，头转向记者，让他们照相。这套程序过后，清场，谈判开始。

阿齐兹个头不高，一头灰白发，带着深度近视镜，嘴上蓄有一字胡。他是萨达姆统治集团中唯一的非穆斯林官员，是基督徒。早年毕业于巴格达大学外语系，英文造诣颇深，讲一口流利的英国音英语。作为萨达姆统治集团核心人物之一，外事智囊，能言善辩，是闻名内外的出色外交家。西方报道说，阿齐兹不好对付，同他接触、对话，感到怵头，管他叫“Tough Man”。

会谈一开始，阿齐兹就对钱外长说，我们是老朋友，希望我同阁下、阁下同萨达姆总统的会谈，是建设性的，能反映出伊中长期友好合作关系的实质，同时也是出于对这一地区和平稳定的责任感。上午如果谈不完，午宴后再谈，还谈不完，晚上接着谈。现在请阁下先谈。

钱外长说，时隔10个月，我又来到巴格达。这次来，是表达中国政府对海湾形势的关切，出访目的是，同几个国家的领导人探讨和平解决海湾危机的可能性。首先，我没有任何具体方案，因为这不是中国能做的事情。我们只是听取各方意见。其次，回顾中国同这一地区国家的友好关系，中国支持阿拉伯、巴勒斯坦正义事业。中国对此地区没有任何私利。中国认为，和平解决危机有利于中东和平与发展。中东有资源和重要战略地位，这一地区的稳定同世界和平与稳定息息相关，是这一地区人民的利益所在，也是世界人民的利益所在。第三，中伊建交30多年，我们认为伊拉克是中东重要国家，希望看到伊拉克繁荣昌盛。作为朋友来访，希望非常坦诚地交换意见。

接着，钱外长简要介绍之前访问国家的情况，强调通过访问，感觉海湾局势危险、紧张、严峻。正因如此，两个方面的情况值得注意：战争危险越来越大；和平呼声越来越高。这两个方面相互关联，如果和平存在，就没有战争危险，也就不需要呼吁和平了。正因为有战争危险，人们担心发生毁灭性战争会带来灾难。

钱外长继续说，在访问过的会见和会谈中，各方观点不尽一致，但两点认识是共同的：一是许多国家领导人，包括伊拉克的朋友在内，都表达了认为“8月2日事件”是不能接受的。不久前，我在联合国会见了60多个国家外长，认识也是如此。二、可以说，我见到的领导人都强调一点，希望和平方式解决，不希望用军事方式解决。当然，提出力争和平解决的思想，没有人能反对。绝大多数国家真诚希望和平解决危机。钱外长进一步说，即使有的国家宣称不排除战争解决，但也难说清楚战争的后果会怎么样。一致认为，如果战争确实爆发，将是一场灾难，重大的破坏，美国也将受到不小损失。战争对这一地区，对阿拉伯国家，对海湾，对伊拉克，不仅是损失问题，是生死存亡问题。事实说明，争取和平解决也非轻而易举，国际上确实存在和平呼声，起到牵制发动战争的作用。

阿齐兹注意听取钱外长的谈话，没有做声。钱外长继续强调指出，这场战争不是有限度的冲突，不会划定范围。我曾经当面问过美国务卿贝克，他说，战争局限在一个地区内很困难。这显然是指打击伊拉克目标。为了和平解决，伊拉克在撤军问题上要表现出灵活，国际上扩大影响，这样伊拉克的朋友也才有更多发言权。

这时，谈判桌子对面坐着的伊拉克官员似乎不约而同地动了一下身子，从面部表情看，听懂了钱部长的发言，肯定感到了局势的严峻性。

阿齐兹先是说了些两国关系友好一类的套话，然后转入正题。他直截了当地说，我们也许存在对问题不一致的看法。中国不会打击损害伊拉克和阿拉伯国家的利益和权力，我们可以不断增强关系，有分歧也可以加强理解，希望中国有效地为实现和平而努力。

阿齐兹的谈话主要有两点：一、安理会中，美英法都没有同伊对话，特别是美英，拒绝对话。二、“8·2事件”并非本地区唯一的问题，这不是唯一的问题，本地区主要问题，是巴勒斯坦问题。以色列拒不执行安理会的决议，不断扩张。三、中东发生多次战争，1948年、1956年、1967年、1973年、1978年、1982年的黎巴嫩战争，1980年到1988年发生两伊战争。战争连绵不断，我们亲身感受到来自以色列的实实在在的威胁。以色列有可能对伊拉克进攻。以色列就是美国的一部分。四、这次美国亲自来到本地区，将直接参与地区形势最重要的变化。国际上正义的影响很小，为动摇伊拉克经济，阿联酋、科威特、美国同西方对伊拉克进行有组织、有计划的阴谋活动。五、“8·2事件”，是以上几点造成的后果，结果不能同原因分开。六、为了保护以色列，让伊拉克投降是不可能的。战争不符合伊拉克利益，但是把战争强加给伊拉克，我们别无选择。

阿齐兹滔滔不绝，越说调门越高，对“8·2事件”总是一笔带过。钱外长听了他的发言，没有接他的话茬。趁此机会，转而提出，中国有一批工程技术人员自9月份以后无事可做，建议让他们回国休假。阿齐兹点了点头，未加可否。他说，我已经做了全面介绍和分析，你们将会见萨达姆总统，阁下可与总统就实现和平和原则性途径进行研究。我们知道战争不符合我们的利益，这一点我们很清楚。

钱外长这时建议，下午再谈。

下午继续会谈。阿齐兹脱去了复兴党党服，换上了西装，打了领带，外交官风度比上午多了一些。就坐后，他抢先说，上午我们谈的是地区问题，现在谈伊拉克遇到的问题。两伊战后，美国等西方国家担忧伊拉克军力强大，想摧毁伊军工厂和导弹基地，打击伊领导人。萨达姆声明，如果伊拉克遭攻击，将强烈反击，如以色列使用核武器，伊拉克就用二元武器（指化学武器）。另外，1989年底至1990年初，科威特降低油价，一桶石油降到11美元，甚至更低。伊拉克欠了大量债务，经济困难。科威特想把伊拉克推向危险边缘。科威特提出，要同伊拉克谈判边界问题，伊不能谈，科本来就是伊的一部分，是英国以强行手段从伊夺走了科。这些阴谋都得到美国的支持。

阿齐兹说，这个地区存在三个问题，要解决中东的老问题，实质上就要解决巴勒斯坦问题。第二个问题是伊科统一问题，这问题不能谈判。第三个问题是，真正解决地区性问题，需要销毁全部毁灭性武器，消除战争根源，地区之外的国家要保证不对本地区使用核武器。

说到这里，阿齐兹突然问，我想听听阁下中国关于对美授权使用武力提案的态度。但他没等钱外长说话，又接着说，安理会不断做出反对伊拉克的决议，就像法院已经判决一个人30年徒刑，再加40年，再加50年，一个人有多长寿命？这样的判决有意义吗？如果是配合对伊拉克动武，那就同动武的目标相一致的。我们对许多国家说过，伊拉克不接受这些决议，不可能屈从。我也对联合国秘书长说，这是在缺席审判伊拉克，关闭了和平道路。

阿齐兹滔滔不绝，一口气讲了一个多小时。小李不停地翻译着，真够辛苦，翻得相当出色。阿齐兹说到“关闭和平道路”的时候，钱外长打断了他的话说，我想做几点评论，说明中国的立场。

钱外长说，首先，中国政府主张国与国之间的争端要用和平方式解决，反对军事手段入侵。这个原则包括中东问题。中国始终反对以色列占领阿拉伯领土，主张恢复巴勒斯坦民族权力。反对美国入侵巴拿马，反对苏联入侵阿富汗，反对越南入侵柬埔寨。其次，中东所有问题都应该解决，不解决，中东是动荡的，脆弱的，不稳定。从历史原因看，问题没有能够解决，主要是美苏两霸争夺，中东的现状，是两霸对抗的结果。我们主张，在联合国召开中东和会。中东和平进程一点一点进展，很缓慢，很困难，但随着形势发展会发生变化。

钱外长接着说，把中东问题完全同海湾危机联系起来解决，正如中国副总理吴学谦对访华的拉马丹副总理所谈的那样，很困难，不容易。毫无疑义，我们尊重伊拉克是独立国家，中伊都是文明古国，都有自己的尊严。中国制定自己的政策，不为取悦任何别国。中国是二战后同美国打过仗的，我们做出了巨大的民族牺牲，从未屈服过美国的压力。我同意你说的，这次美国直接介入，是这一地区重要的变化。现在的主张不同以往，不是说屈从或者害怕美国的压力，而是要冷静地分析形势。你知道，美国和其他盟国派出军队，并不是根据联合国的决议。我问过贝克，要经过安理会动武很难。贝克回答，要动武，不需要联合国授权。如果不采取行动防止战争，对地区，对阿拉伯，对伊拉克，都很危险。我还要补充一点，即便伊拉克有灵活表示，国际活动增强，问题也不容易解决。但对话是有可能的，有可能推迟战争，解决危机的机会会增加。但是，不能排除偶然事件促使美国采取行动，局势一旦失控，可能爆发战争。

阿齐兹不动声色，面无表情。旁边的官员听得很仔细，好像在掂量钱外长的话。也许，未经萨达姆授权，阿齐兹不能深谈，只能不厌其烦地重复老调，回避占领科威特的实质问题。思想上的局限性，职权上的局限性，他不能越雷池一步。直到最后他也未置可否，但看得出他明白钱外长说话的分量，尤其在动武问题上。

钱外长说完后，阿齐兹站起身来，说晚宴快开始了。会谈就这样在沉闷的气氛中结束。

晚宴在著名的拉希德饭店举行，饭店坐落在市中心，五星级大酒店。20世纪80年代后期建成，相当现代化，在中东这样的饭店还真不多见。“8·2事件”以来，不少国际知名人士来巴格达做说客，都下榻于此。晚宴在大厅举行，大厅装潢古朴，带有两河流域文化色彩，大厅中央垂吊的大

伊拉克外长阿齐兹（左）宴请中国代表团，右为郑达庸

水晶灯，灯泡很多，灯却好像没有多亮。或许与当地供电不足有关。

出席的客人不多，大厅空荡荡的。钱外长坐在阿齐兹右侧，我坐左侧。桌上点着红色香烛，摆满阿拉伯风味凉菜。“霍姆斯酱”（用蚕豆和奶酪制成，可以涂抹在面包上）是阿拉伯典型风味菜。招待员训练有素，彬彬有礼，身着红色西装上衣，黑裤，黑色领结，嘴上留着小胡子，个子很高，精干，像是库尔德族人。

离开了谈判桌，气氛活跃多了，钱外长和阿齐兹的谈话更像是聊天，双方都放松下来。这时，听到钱外长问阿齐兹道：科威特是独立国家，是阿盟成员国，伊科有外交关系，互派常驻大使，你们怎么能不顾着一切，军事占领科威特呢？阿齐兹很沉得住气，不愧是外交老手，他笑了笑，侧过头对钱外长说，科威特能算是一个国家吗？人口总共几十万，几乎一半人口常年居住国外，到了热季，全国几乎空了，都到美欧避暑。科威特存在国外银行的钱，比存在国内的还多。对钱外长的提问，阿齐兹难以正面回答，只能这样狡辩，言下之意，你说它算得上一个国家吗？算不上主权国家，那理应被吞占。我忽然想到，在谈判桌上，阿齐兹可不敢这么回答吧。在谈判桌上，他煞有介事地大谈阿拉伯光复失地大业，如今，一股脑儿抛在脑后，真相毕露了。

钱外长也没接着说什么，转了话题，对饭店高水平建筑给予表扬。这顿饭吃得有意思，席间闲聊，伊拉克外长吐露天机，说了实话。居然说科威特本来就不是一个国家，理应据为己有。说阿齐兹是萨达姆的“辩护士”不无道理，毫无羞愧地把黑的说成是白的。

阿拉法特同意“挂钩”论

11月12日早9点，钱外长车队前往巴解主席阿拉法特在巴格达的官邸，官邸距离国宾馆不远。车到楼前，卫兵打开钱外长的车门，礼貌地把他引进一间不大的客厅。阿拉法特见到钱外长，热情握手、拥抱。二人落座后，先喝咖啡，寒暄一番。座椅后面的墙壁上绘有五颜六色的装饰性壁画，很具特色。

钱外长首先说明出访宗旨，介绍了同阿齐兹谈话的内容。阿拉法特单刀直入，谈话一开始就强调，巴勒斯坦问题应同科威特问题一起解决。美英说先解决科威特问题再说，为什么把解决科威特问题作为先决条件？为什么不管至今仍遭屠杀的巴勒斯坦人民？阿拉法特话锋一转，又说，美国是否下了决心动武，战争对美国也相当危险，会产生不稳局面。伊斯兰和其他力量对美国搞恐怖行动，石油生产将长期停止，石油设施会被摧毁。

1990年11月12日，钱其琛在巴格达会见阿拉法特

阿拉法特援引日本前首相中曾根的话说，世界将回到中世纪。如美国攻打伊拉克，伊拉克会打击以色列，战争开始后以色列会卷入。从历史角度看，我们同美国的对峙在军事上失败了，但政治上没有失败。他们认为用导弹、飞机可以消灭伊拉克，对伊拉克人民来说，这真是奇怪的分析。现在是战争和政治游戏。如果外交努力失败，美国还要考虑到，伊拉克有军事设施，每个城市都有机场，工厂设在清真寺里面。如果整个国家卷入战争之中，将招致穆斯林的强烈反应。伊朗、巴基斯坦、苏联南部、印度，都会有反应。

因为钱外长还要会见萨达姆，会谈到此结束。阿拉法特起身送钱外长到院中，钱外长在车内向他挥手告别。同阿拉法特的会谈，钱外长没有说多少话。阿拉法特的思想很明确，支持萨达姆的“挂钩”论，想借萨达姆的力量为巴勒斯坦问题寻求出路。对科威特被占则轻描淡写，有意回避。谈话突出战争对美国的危害，恐怖主义力量会对美国采取行动，等等。在兵临城下的严峻形势下，还在谈论战争与政治的游戏。从谈话中也看出，阿拉法特对苏联的立场也不放心。

萨达姆冥顽不化

钱外长结束同阿拉法特的会谈已接近上午11点，下一个节目，去见萨达姆。

前往萨达姆办公地点，可没那么简单。车队在城里兜开了圈子，兜来兜去，不知转了多久，忽然在一栋高大建筑物旁停了下来。那是一座现代化建筑，有点像中国的“老宅子”，深宅大院。我们走进会客室，停留一会儿，又被引出会客室，换车，换司机，再出发。车开得很快，到了一处类似军事驻地。从门卫到官员，清一色的复兴党党服。有的佩带手枪，有的手持冲锋枪，枪口冲下。“眼观六路，耳听八方”，卫兵的眼睛注视着每个角度。早就听说萨达姆办公地点和住所很神秘，甚至有人说即便是萨达姆住宅，住的也不一定是萨达姆本人。

我不由想起在也门当大使时，一次也门总统萨利赫在萨达姆结束访问时到机场送行。驻也门使团应邀到机场。也门官员在右侧一字排列，三十几位大使和代办在左侧排列。停机坪上停放着萨达姆的专机，美制波音747客机，另外一处停有一小型喷气式客机。萨达姆在萨利赫陪同下同送行者一一握手，最后挥手告别。萨达姆一行向专机走去，进入机舱。这时我想，萨达姆走了，可以“打道回府”了。谁知，萨达姆专机的舱门打开了，从远处看，萨达姆走下舷梯，还有几个随行人员，跟着他走向另外一架飞机。我想，可能是出于安全考虑，换了飞机，担心有人暗算吧。这时，一位同我很友好的阿拉伯国家使节小声对我说，你看萨达姆在哪架飞机里？

我回答，他刚刚上了另外一架飞机呀。这位大使笑了笑，摇摇头，不一定，还没准他根本没有下飞机，还在专机上吧。我还在琢磨的时候，大使又说，也没准换飞机了。我猛然醒悟，对呀，听说萨达姆有好几个替身，哪个是真，哪个是假，谁知道，从远处哪里分辨得出来？自己太幼稚了，没想到送行看到这么一场“戏”。都说中东故事多，这里出了“天方夜谭”嘛。

那天，萨达姆到底上了哪架飞机，永远是个谜。

回到正题，我们终于到了目的地。钱外长走向大厅，我作为新任驻伊拉克大使参加陪见。伊拉克官员请钱外长在贵宾室等候，大约10分钟后，前往一间大办公室。

萨达姆站在办公室中央，同钱外长、随行人员一一握手。钱外长特意介绍我是新来的驻伊大使（按国际惯例，未递交国书不能以大使身份活动，这次例外了）。萨达姆身穿复兴党党服，身高一米八五的样子，很魁梧，腰间别有手枪，足蹬短靴，身体微胖，但没有肚腩（据说他下令官兵减肥，超重者去职）。握手很有力，蓄一字胡，浓密胡须，嘴角好像有点歪（听说曾经中风，患过面瘫，我们见到他时，他大概是55岁）。

萨达姆的座椅很考究，镶有金边，类似法国路易十四时代的宫廷靠椅。待官员退出后，萨达姆开始说话。萨达姆给我的初步印象，不似传说的一副张牙舞爪、凶煞嘴脸，但自尊自大的形态中，透出刚愎自用。他座椅的后面竖立镶有金穗的伊拉克国旗，中间白色地方绣有“真主至上”字样。

钱外长同萨达姆的会谈大约两个小时，中间曾有片刻休息，那时，看到萨达姆把手枪取下，放到桌旁。

钱外长首先递交杨尚昆给萨达姆的信。萨达姆看过信，请钱外长转达他对杨主席的问候。

钱外长说，昨天我和阿齐兹外长谈了两次，我想要说明几点：中国同阿拉伯国家友好，同伊拉克建交30多年了，相互间一直关系良好。中国支持阿拉伯的正义事业。这个地区的阿拉伯国家之间出现紧张局势，中国政府对此十分关切，希望和平解决争端。现在紧张局势中战争危险越来越大。国际上几乎所有国家都表示对“8·2事件”难于接受。钱外长说，我会认真听取总统阁下如何和平解决问题。

萨达姆用缓慢的语调说：对话是交换意见的最好方式，是达成一致的最好方式。他介绍了5月到8月伊科之间发生的问题，说科威特想要摧毁伊拉克经济。历史上看，科威特本是伊拉克领土的一部分，就如同香港是中国的一部分。伊拉克历届领导人从来没有以法律形式承认过伊科边界。两伊战后，科威特蚕食伊拉克领土，偷窃伊拉克石油资源。现在，科威特利用美国对伊拉克施加压力，原因在于，伊拉克一直呼吁以色列必须从其占领的巴勒斯坦和其他被占领土撤出去。再有，美国企图全面绝对地控制中东石油，说什么伊拉克是中东强国，不应该阻止美国控制中东石油。早在“8·2”之前，美国就说要用军事手段打击伊拉克。

萨达姆说，现在我们应该怎么办？难道让一个国家控制中东石油？他伸出一个指头，摆了摆，大声说，“不对！”接着说，巴勒斯坦问题被冻结了，把巴勒斯坦问题联系起来看，不是由于伊拉克的意思，是事实嘛。美国只是要石油，现在它关心起巴勒斯坦问题了，但是不应该搞双重标准。美国在安理会否决对以色列不利的决议，伊拉克更关心的是巴勒斯坦建国。当有关方面使对话变成现实，成为和平途径，那时他们会发现伊拉克是第一个采取开放态度的国家。以多种形式取代目前的方式，实现和平。进行严肃对话的条件一旦具备，伊拉克绝对不会忘记实现和平的重要性。对待平等对话，伊拉克大方接受，采取武力威胁，伊拉克绝不接受。应该以积极态度对待“8·12倡议”（挂钩论），实现全面和平。不是说让朋友全盘接受“8·12倡议”，但可以公开讨论，甚至加以修正，以有利于解决。

说到这里，萨达姆顿住，突然转换话题，问道，美国是否真的要打仗？

钱外长面色严峻，首先反驳萨达姆把科威特说成如同香港属于中国一样，严肃指出：香港问题完全不同于伊拉克和科威特的关系。香港自古是中国领土，只是被英国通过鸦片战争霸占了100多年。中国采取和平方式与英国谈判，最终达成解决香港问题的协议。而伊拉克与科威特有外交关系，互设使馆，都是联合国成员和阿拉伯国家联盟成员，无论如何，伊拉克军事占领科威特，是不能接受的。

接着，钱外长说：中国、伊拉克都是文明古国，维护独立，有自己的尊严。请阁下相信，中国不会屈从于外来压力，一向根据自己的原则，根据事务的是非曲直，做出自己的判断。中国一贯主张，国与国之间的问题应该通过和平谈判解决，不能使用军事手段。中国这一立场绝对不会改变。我们非常希望中东地区矛盾得以解决，成为稳定发展的地区，遗憾的是，二战后几十年动乱不已，其他地区也有冲突，但出现缓和趋向，中东矛盾却在增加。也许，因为中东具有战略重要性地位，还有石油带来的好处，这两点带来不少问题，然而，坦率地讲，一时难以解决所有问题。

针对萨达姆所问美国是否真的要打仗，钱外长强调说，我们担心战争的危险在增长。联合国决议没有说哪个国家派军队，而美国和盟国在组织联军。如果要求联合国授权美国动武，讨论起来不容易，美国公开和私下说，可以自由行动，也许在美国国会有些麻烦。任何偶然事件都可能引发战争，战场就在阿拉伯地区。阿拉伯国家，包括伊拉克，会遭受严重损失。要争取推迟、减少、避免战争爆发。有许多工作要做，这就是为和平进行外交努力的目的。中国政府不会提出具体方案，不进行调解。由伊拉克自己决定。钱外长接着说，我们非常赞赏阁下所说的，在条件成熟时，伊拉克会以开放和大方的态度对待需要解决的问题。

萨达姆听了钱外长的话，说道："8·2事件"后，我们于8日宣布伊拉克同科威特统一，这样可以提高伊拉克人民和军队的士气。美国不断增兵，我们必须关上伊朗大门，以便对付美国。我们对伊朗做出了牺牲。他最后说，在没有得到美军撤出的事先保证之前，伊拉克任何明确表态都可能导致严重后果。必须同美国撤军、解除对伊拉克制裁等所有问题联系起来。为实现这一目的，应该对话、交谈，包括海湾危机的一系列问题。

说到这儿，萨达姆忽然站起身来。钱外长立即起身同他握手告别。会谈到此结束。

同萨达姆的会谈，钱外长非常有针对性，非常坦率，同时讲究方式方法，把中国立场、观点、主张以及形势发展的严重性，言简意赅地阐述得清清楚楚。通篇讲话，贯穿晓以利害，强调历史遗留的问题，非一时所能解决，而形势发展使战争有一触即发之势。尤其强调，国际上不能接受伊拉克对科威特的占领。谈话中，萨达姆虽然没有表示出任何愿意撤军的意思，但陪同会见的阿齐兹对钱外长说，此次萨达姆的表态，比任何以往一次都要灵活了，提到了希望进行平等对话，甚至表示出愿意同美国开展对话。

“识时务者为俊杰”，这是中国一句智慧古语。但对萨达姆来说，野心无限膨胀，妄图“占山为王”，称霸地区，已经陷入了极度盲目性，难以自拔。论起事来，偷换概念，混淆是非，回避矛盾实质，以偏概全。俨然以阿拉伯民族和巴勒斯坦的“救世主”身份，无视现实力量对比，奢谈、空谈中东问题的所谓“一揽子解决”。占领科威特后，把它当成筹码，向美国讨价还价。

萨达姆历来搞边缘政策，不惜铤而走险，错误估计形势，过高估计自身力量，把自己推向悬崖。不难看出，伊拉克侵略科威特，就等于授美以柄，美拿伊侵科说事，乘机从军事上深入盘踞中东。

伊拉克在被动和极端孤立中挣扎，把好端端的一个文明古国糟蹋了，破坏殆尽。在一定意义上，一个国家领导人犯错误，其后果要落在国家和人民身上。钱外长苦口婆心对萨达姆予以最大限度的规劝，萨达姆立场冥顽不化，图谋伊拉克的“统一大业”。他的最终失败完全是咎由自取。

在巴格达停留一共两天，日程紧张，钱外长两次同阿齐兹、一次同阿拉法特、最后同萨达姆，总共八个小时的会谈。最大的收获是，第一手地摸到了萨达姆的脉搏，萨达姆的确“病得不轻”。

碰到这么一个讳疾忌医、油盐不进、“刀枪不入”的患者，你想救他，他不接受，只好让他咎由自取、听天由命了。

钱外长看望使馆带来大白菜

中国驻伊拉克大使馆坐落在巴格达市郊艾米利亚区，是驻在国政府专门开辟出的新使馆区。使馆区面积很大，基础设施完备，各国占地不等。中国使馆的邻居有保加利亚使馆和阿富汗使馆，加上中国使馆，人称“A（阿富汗）B（保加利亚）C（中国）使馆区”。中国使馆占地近10000平方米，建筑风格突出民族特色，正面大楼为大理石墙面，上端镶嵌莲花图案，围墙墙头黄色琉璃瓦在阳光照耀下发出中国古老文化传统之光。听说，这是浙江建筑设计院的获奖作品。

使馆大门前耸立着旗杆，鲜艳的五星红旗随风飘扬。

钱外长会见萨达姆和阿齐兹之后，到使馆看望大家。为了节省时间，进了门就到内部会议室。临时代办闻兆祥、政务参赞黎家松、武官曹彭龄以及全体官员列队迎接钱外长，大家特别高兴。

钱外长问候大家之后讲话，主要围绕工作要求和形势特点谈了两点。他说，“8·2”之后，使馆撤出了一批人员，人少了，但要坚持并加强工作。国际形势千变万化，使馆作为观察哨所任务非常重。大使郑达庸即将来馆赴任。

关于形势，钱外长说，海湾形势牵动全局，地区事件的发生是美苏力量对比失衡的表现。美苏关系有所缓和，不等于矛盾减少，并不意味建立了国际新秩序，而是固有矛盾再次激化。地区又出现新矛盾，地区霸权扩张，矛盾还在发展。判断地区形势和制定工作方针，无论如何不能用军事手段侵吞他国。有的国家对形势估计错误，引起强烈反应，大国派兵有其长远目的，并非维持新秩序。这一事件如果是发生在非洲某个角落，或别处，形势发展不一定如此。但在这里犯了错误，就为形势发展提供了条件，做了蠢事！派出军队也不容易解决问题，因为地区矛盾太多，打一场战争，也不能解决所有问题。

钱外长指出，目前，一方骑虎难下，一方进退两难，出现僵持。最终是以战争还是妥协解决，还要看。总趋势是战争威胁高于和平呼声。时间长了，对美国不利，美国也要考虑后果。我们，一是反对入侵，二是力争和平解决，这是国际上最大的共同点。世界上不对的事情多了，情况很复杂，入侵不能解决问题，也不可能都以一个模式解决。

钱外长接着说，我今天在会谈桌上讲，“8·2事件”不能接受，以大战解决小战也不对，用战争逻辑解决问题，战争升级也不对。两伊打了8年，柬埔寨战争打了11年，阿拉伯同以色列打了40年，问题解决了吗？和平方式解决，时间会拖得很长，但破坏少，损失小，后遗症少。和平解决，军事上强的一方要克制。“8·2事件”一方要纠正错误，撤军。伊方应采取灵活态度，这是必要条件。另一方面，不要把打作为唯一选择。现在主张打的，也说希望和平解决，但不能排除打。伊方入侵了科威特，还要找道理！作为被侵略国不怕打仗，海湾国家明白这一点。

我们对形势不是悲观，也不乐观，要实事求是分析。我们不带方案，不做调解，让领导人仔细想想。中国决定出访是个创举，西方好像重新发现了中国。我们一直反对入侵，他们感谢中国的立场，重视我们的否决权。我们不是要取悦某国，工作不好做，是战是和，中国不起关键作用。

钱外长嘱咐馆员说：希望大家坚守岗位，做充分的思想准备、应变准备。必要时使馆还要减少人员。我们访问的沿途使馆都关心你们，你们的工作同全局密切相关，工作很有意义。钱外长讲话后，大家热烈鼓掌，从心里感到中央和兄弟使馆的关怀，对今后工作心里有数多了。

主持会议的闻代办代表全馆感谢外长的讲话和鼓励，表示坚决完成任务。这时，他突然大声宣布，钱外长给我们带来北京大白菜了！慰问我们来了！大家情绪无比高涨，给使馆送大白菜，恐怕这还是新中国成立以来外交史上的第一次吧。不知是谁大声喊道：包一顿白菜馅饺子吧！厨师加上一句，省着吃呀，多吃几顿！厅内一片欢腾。

钱外长考虑到今后使馆还要撤人，有专机在，官员可以先带回一部分行李回国。这一消息又引来一阵欢呼跳跃。国内真是无微不至的关怀。我还没有到使馆来工作，对这个集体就有了一种特殊的感情。这是一支能战斗，不怕辛苦，团结战斗的好队伍。当前形势危险，但大家工作热情很高，绝没有惶惶不可终日的压力。使馆领导同志很不容易呀。

这时候，天色已晚，我站在走廊看使馆全貌。心里想，今后工作不知会怎样，不知不觉陷入沉思。突然有人喊，老郑，上车了！我急忙奔出楼门，和大家告别。闻代办拉着我手说，郑大使，等着你快来。我说："一定！"

沙特国王感谢中国努力

11月13日下午3点，专机再次掉头，飞往沙特，法赫德国王在吉达会见钱外长。我想，法赫德是希望钱外长见过萨达姆后，再同他见面，想听听萨达姆说了些什么。可是，萨达姆没讲出什么新东西，这点，沙特可能也估计到了。

专机抵达吉达后，钱外长立即前往会议宫，先是会见费萨尔外交大臣，同他第二次会谈。

钱外长说，在约旦时，约旦国王表示要继续为解决海湾危机做出努力，中东问题可以，也应该争取全面解决。然后介绍同阿齐兹和萨达姆的会谈。强调我们对伊方明确了中国立场，反对伊侵科，国际上不接受"8·2"行动。爆发战争是现实危险，最重要的，是伊拉克表现出灵活性。如发生战争，美国和西方要受损失，但伊拉克的损失是灾难性的，是生死存亡的问题。

钱外长向费萨尔介绍了当天上午和萨达姆谈话的主要内容：一、希望在阿拉伯国家小范围内，三至五个国家对话，希望沙特参加；二、"8·12建议"可以修改补充，无非是要解决问题；三、伊拉克人民没有要求从科威特撤军，撤军对人民是难以接受的灾难；四、科威特作为伊拉克领土，保证了士兵的士气，如果伊拉克士兵不是为了保卫领土而战，士气会衰落。对伊朗做出让步太快，伊拉克遭受了损失。萨达姆的意思是要补偿，否则对人民不好交代。

钱外长说，我告诉萨达姆，只有从科威特撤军，才能避免战争，对此，他的回答是，条件具备时，伊拉克会采取开放大方的态度，说伊拉克是古老国家，有自己的文化和民族尊严。萨达姆没有提出新的方案或建议。

费萨尔亲王面容严肃，倾听钱外长谈话，从不插话。钱外长谈完后，费萨尔沉闷地点点头说，结果还是令人悲观。钱外长补充说，萨达姆感到目前形势严峻，但他如何对待，难以推测。原本想，他们能够主动表现出灵活性，但他的答复似乎是目前情况下难以做出松动表示，只有在小范围接触中得到保证才能松动，或采取“大方开放的态度”。

亲王领会到钱外长的补充，喝了口咖啡，清了清嗓子，抬头看着钱外长，声音有些低沉，说：谢谢你的介绍，我们确实赞赏你在访问中所怀有的感情，以及访问的动机。如果说，有一个方面的活动，使人有信任感，这个方面就是中国。但遗憾的是，崇高的感情，在伊拉克碰到令人痛心的反响。亲王接着说，不管伊拉克是入侵科威特，还是去科威特更换国家领导，都不会得到阿拉伯国家和世界人民的确认。这不是伊拉克的光荣史，也不是阿拉伯的光荣史，我们感到很不光彩。阿拉伯世界的自豪不体现在伊侵科。萨达姆说为什么没有人同他们对话？有人像伊拉克一样干得出这种事吗？一个国家被侵占了，在地图上被抹掉了，他们还如此提问，真是怪事！

外交大臣说，至于“8·12”，他们企图和巴勒斯坦问题连在一起。实质上，并不想让以色列从被占领土撤走，他们也不会撤出科威特。过去犹太人向以色列移民，现在伊拉克向科威特移民。如果中国要越南从柬埔寨撤军，然后中国去占领泰国，以这种方式迫使越南从柬埔寨撤军，行吗？问题实质在于，他们想让世界屈服于他们制造的事实。如果他们坚持原有立场，非要经过战争解决，那就是给人民带来灾难。现在萨达姆十分嚣张、狂妄。原因有两个：第一，错误理解国际为和平的真诚努力，反而认为可利用形势，使目前的形势拖下去，最后达到目的。第二，一些阿拉伯国家为伊拉克说话，有些阿拉伯国家主张通过调解，做出让步。这场灾难不仅是阿拉伯的，是国际范围的，解决的办法只有一个，集中到国际法。现在联合国如不做出让伊拉克撤军的决议，联合国就崩溃了。中国是安理会常任理事国，负有重大责任。我们期待中国发挥积极作用，在本地区贯彻执行国际法。

费萨尔亲王接着说，我们在困境中保持乐观，因为坚信中国是从历史观点看待这些问题。当前历史时期，中国支持本地区正义事业，对本地区人民已经产生了重大影响。沙特是受危机影响最大的国家，我们坚决反对伊侵科，坚决抵抗入侵，反抗萨达姆。阿拉伯舆论和国际社会十分重视举足轻重国家所持立场。本地区将永远牢记采取正确立场的国家。

说到这儿，费萨尔亲王看了看左右，笑着说，阁下奔波不已，该休息了。就谈到这里，阁下会见法赫德国王的时间，将尽快告知。

当晚10点，法赫德在和平宫接见钱外长。车队驶入高大的宫门，院落宽敞，道路两旁树木茂密，齐腰树墙修剪得十分整齐，曲曲弯弯铺满绿油油的大草坪周围，庭院灯光柔和。王宫建筑高大雄伟，但不显豪华，不失阿拉伯风格。法赫德一年中多半住在吉达和平宫，那是一片濒临红海的绿地，虽与陆地相连，但自成一体。

王室典礼大臣在厅外迎候，带我们进入客厅。

法赫德已站立在那里，钱外长上前同法赫德和陪见的亲王大臣一一握手。沙方十分重视这次会见，国防航空大臣苏尔坦亲王、副大臣阿卜杜勒·拉赫曼亲王（两人都是法赫德的胞弟），外交大臣费萨尔，都在座作陪。国王和大臣们穿着镶有金边的细驼绒黑色大袍，个个身材高大，手持念珠，蓄有穆斯林特有的胡须（嘴上胡须不能过嘴），显得潇洒、伟岸。

法赫德慈眉善目，双膝有病疾，起立困难，但还是站在那里同钱外长握手。宫内侍奉人员送来阿拉伯咖啡。典礼大臣等官员走出客厅。钱外长首先把杨尚昆主席给国王的信函交给他，他当即拆封看了，说，我十分高兴在吉达会见友好的中国外长。事实上，我们两国建交互设使馆之前就存在来往。这种关系不仅是国家关系，也是人民之间的友谊关系。我们对两国关系发展到如今水平十分高兴。希望在此基础上继续发展。我们有决心发展同中国的关系。我们的原则是尊重自己，尊重别人。沙特感谢中国向沙特提供了各种需要，这说明两国是相互信任的。我作为国家领导人要推进发展两国关系。国王很健谈，讲话慢条斯理，思路清楚。

谈到本地区问题，国王说，中东最重要的问题是巴勒斯坦问题、黎巴嫩问题，两伊战争打了八年，现在的问题是伊拉克入侵科威特。我是不相信会发生这种事情的。发生事端是星期四的早晨，星期三的时候，科威特王储还同伊拉克革命指导委员会副主席在吉达进行温和的讨论，我印象是会晤将成为解决问题的开端。双方决定在巴格达再谈，然后在科威特再会晤。沙特对此给予极高的鼓励。但遗憾的是，仅过了六个小时，伊拉克侵入科威特。我感到非常突然。

国王接着说，当时我试图和萨达姆总统直接联系，但没有成功。第一次联系时，对方说他不在巴格达，他所去的地方没有电话。我知道，他不愿意和我通话。再进行努力，天亮了，再联系，回答仍是他在别处。到了星期四我再联系，又说他住地没有电话。总之，他在进攻科威特，不同我谈话。伊方说，会派副手伊扎·易卜拉欣来沙特，我表示欢迎。他来了，一再强调科威特本来就是伊拉克的一部分，我问他为什么吉达会谈后仅仅六个小时伊拉克入侵科威特，他的回答吞吞吐吐，说不服人。我提醒他，伊科之间是有条约的，是伊拉克总统贝克尔签字的。当时萨达姆是贝克尔的副手嘛，承认了科威特是有主权的国家。科威特是联合国成员国、阿盟成员国。易卜拉欣说来说去一个调子，科威特是伊拉克一部分。我明白，萨达姆没有授权他解决问题，易卜拉欣对谈话不承担责任，会谈没有结果，只好结束。

国王说，萨达姆只有恢复理智，从科威特撤军，才是解决问题的办法。我认为，这对萨达姆并不困难，因为他只用了15分钟就解决了同伊朗的问题嘛。

国王声音洪亮，谈话底气很足。他说：众所周知，1975年两伊签有阿尔及尔协议，一方是伊拉克贝克尔，一方是伊朗国王巴列维。这项决议是萨达姆在阿尔及尔同巴列维国王谈判达成的，当时，我在阿尔及尔，两个人都讲话说这个协议很好。几年后，两伊出现边界争端，我在巴格达，我劝他同伊朗谈，不要动武。我认为，任何初级阶段的问题，使用军事手段，最后都无法解决。但我注意到，他除了打仗没有其他打算。由此推论，萨达姆一向认为使用武力是最简单、最容易的解决问题的方法，正如他这次侵略科威特。萨达姆目前处境困难，面对国际庞大的部队，联合国制裁，现在又提出要和平就要联系到巴勒斯坦问题的解决。他把两个问题混淆起来完全不合逻辑。任何阿拉伯人都不认为萨达姆入侵科威特是为了巴勒斯坦的利益。从科威特撤军，对一个实行霸权的元首，是不会接受的。我认为，萨达姆还抱有幻想，如果认为他能战胜国际，那是梦想。萨达姆幻想以为可以使用生化武器，他就不仅同一个国家对抗了，是对抗全世界。国王讲到这里停了下来，听钱外长讲话。

钱外长说，我明确两点：一、世界上没有一个国家，包括伊拉克的朋友，接受伊拉克入侵科威特的事实；二、现在面临战争危险，不是同以色列对立，是同阿拉伯，同美国对立，战争损害各方，对伊拉克是生死存亡问题。萨达姆说，8月2日入侵科威特，8日才宣布科威特是伊拉克的一部分，这样做是为了提高士气，保护伊拉克，这真是可笑的逻辑。我看他神经是很紧张的。萨达姆对我说，“如果得到保证，我将采取大方的，开放的态度”。没有人知道萨达姆要的“保证”是什么，如果是保证人民不受损失的保证，没人会制止。

国王紧接着说，他从科威特，从沙特附近地区撤军，我们不会进攻。萨达姆必须离开伊拉克，到别的国家待着，来沙特也可以，保证给他找个好地方。一个伟大的人物要把国家利益摆在最高位置，人难免轻率，但伟大之处在于国家利益至上。

这时，钱外长对国王说，我已经明白无误地向萨达姆转达了中国立场，中国不调解，没有方案。国王说，他自己干的事情，由他自己去改正吧！我感谢钱外长来访，请转达我对中国领导人的问候，沙特愿意发展两国各个方面的关系。中国国家主席给我来信，我接受访华邀请，加强相互访问，有利于两国关系发展。

会谈到此结束，钱外长同国王握手告别，陪见的亲王大臣们陪送钱外长走出客厅。

至此，紧张的中东海湾四国之行结束了。这是新中国成立以来，首次作为联合国安理会常任理事国，为争取和平，防止战争，采取的具有深远意义的一次重大外交行动。这次行动宣传了中国的正义立场，突出了自己的大国地位，中国的政策、主张经得起历史考验。

在这次紧张的活动中，我第一线参加活动，了解情况，身临其境。我对海湾形势发展和各方态度的认识极大地丰富了，感性化了。若干年后，回忆起当年的“四国出访”，犹如经历了一次生动的学习班，在自己的外交生涯中打下深深的印迹。

三、二进巴格达——海湾战争前夕赴任

离京赴职

1990年11月14日，我随同钱外长一行返回北京。下旬，形势仍无缓解。美国务卿贝克从海湾回国后表示，如果伊拉克拒不撤军，美国及其盟国准备开战。美总统布什宣布：向海湾增派20万军队。萨达姆毫不含糊，即向科威特增兵25万。

在此背景下，11月29日，安理会召开特别会议，通过著名的“678号决议”：如果伊拉克于次年1991年1月15日之前，仍然拒绝执行有关撤出科威特的决议，联合国授权联合国成员国，使用一切必要手段，维护、执行有关决议，恢复海湾地区的和平与稳定。这项决议以12票赞成，2票反对（古巴，也门），1票弃权（中国），通过。

这个决议无异于为美国动武开了绿灯。决议明确提出了动武的条件和期限，萨达姆方面应该读得明白。钱外长亲赴纽约参加安理会特别会议，并在会上做解释性发言。他在《外交十记》中详述了中国为什么投弃权票。中国首先表明反对伊拉克对科威特的侵略，同时主张和平解决，反对诉诸武力，这是中国的原则立场。中国没有也不谋求任何私利，唯一关心的是该地区的和平与稳定。为此，中国力主和平解决海湾危机，争取和平解决，时间可能长些，但造成的损失会小一些，后遗症会少一些。一旦战争爆发，各有关方面都将蒙受重大损失，不仅对海湾国家，对世界和平与稳定，以及对世界经济，都会产生极为不利的影响。

决议草案采用了“使用一切必要手段”的措辞，实质上是允许采用军事行动，而这一内容有悖于中国政府力主和平解决的一贯立场。为此，中国代表团难以对这项决议投赞成票；另一方面，海湾危机是由伊拉克侵略吞并科威特而引起的，伊拉克至今为止在从科威特撤军这一关键问题上没有采取实际行动。决议同时要求，伊拉克充分遵守安理会“660决议”和其他决议，也就是要求伊拉克从科威特撤军，对于这一点，中国是赞成的。为此，中国对此决议草案没有投反对票。

11月中旬我返京后，外交部西亚北非司领导通知我，准备尽快去巴格达赴任，离京时间安排在12月上旬，还有三周时间准备。刚从海湾回来，我满脑子都是那边发生的事情，不由自主地想到，这次赴任要准备打仗了。从1958年大学毕业到外交部工作，到1991年，自己干外交32年，从苏丹、摩洛哥到也门，虽说这些国家没有发生战争，兵荒马乱却是经常有的事，什么“南苏丹问题”“绿色进军”“南北统一之战”，等等。但国际范围的战争，还没经历过。

想到可能碰到战乱，我不由回忆起十几岁的时候，赶上天津解放战役。我是天津人，1948年天津解放，也算得上身临其境吧。当时我还小，在读初中一年级。解放军四野在辽沈战役后挥师入关，包围了天津和北平。兵临城下，天津街道上一片冷冷清清。学校停课了，我和同学在家门口街上踢足球，跑来跑去。天空中不时发出急速而过的哧……哧……哧……的响声，十分刺耳，估计有炮弹掠过上空，发出声响。天上很高处有飞机飞过，向我家附近的民园体育场扔掷大包裹，可能是向守城的国民党军队扔给养吧。有的包裹砸在体育场周围的民房上。整个天津笼罩着浓厚的战争气氛。

记得解放军发起总攻的那个晚上，家里人集中到楼下一间屋子里彻夜未眠。城西打得最猛，枪炮声响了一夜，间或有巨大的爆炸声。清晨听到街上有动静，还有喊叫声，我偷偷地爬上楼，摸进一间屋子的窗户前，轻轻拉开窗帘，从缝里往外看。街上空无一人，对面院墙下，一些军人匍匐前进。他们穿着棉军衣，头戴翻毛大军帽，腿上绑着裹带，有的背后有一卷草席。这是我平生第一次见到中国人民解放军，给我好深的印象。

这时，巷子里出现几个青年男女，有的穿军衣，手里拿着油漆罐，在对面墙上写很大的美术体字“保护民族工商业”。当时，根本不懂什么叫“民族工商业”，但墙上那几个大字一直印刻在脑海里。

我家住新华南路，听说墙子河西边的耀华中学打了巷战，很激烈。我好奇心发作，偷偷走出门去，想看看究竟。街边有的地方插上了木头桩子，上面写着“小心地雷”。我走到耀华中学附近，那里有座水泥桥，桥头旁边有座小碉堡，国民党军队驻扎在校内。这时体育馆附近巷战打得很凶，碉堡上挂着烧焦的尸体，学校围墙上的铁丝网上挂着炸飞的手臂，景象很惨。解放军在街边有岗哨，还在喊话，我不敢久留，顺着原路赶紧回家。小时候亲眼所见，并非亲身经历战争，无非感受一二，但是，知道战争是残酷的，要死人的。

到了20世纪90年代，海湾要打仗了。这次打，不再是40年代的战争，而是现代化的高科技“肉搏战”。想到这里，知道此次前往巴格达赴任不比往常，要有充分思想准备。不知为什么，可能是做了打仗的思想准备吧，精神反而放松下来。抓紧时间做行前准备。部领导和司领导关心我即将赴任，一再嘱咐，注意安全，做好工作，多加保重。

我的夫人李中也是外交官，此次同行。我们商量好，行装从简，把家里安排好。两个女儿，一个即将大学毕业，面临就业；一个上大学不久。两个孩子从小独立，虽然不希望父母离家远行，但支持父母外派工作。

岳父曾任清华大学机械系主任，“文化大革命”期间含冤去世。岳母有时和我们住在一起，80多岁了。她性格坚强，平时寡言少语，勤于家务，酷爱读书读报，关心国际国内大事。她知道我们又要走了，是去伊拉克，而且从经常读的《参考消息》上，知道那边局势紧张，多半是要打仗。临行前一天，岳母把我们叫到一起说，你们坐下，嘱咐你们几句。她谈了三点，一是要努力工作，完成任务，不要犯错误；二是那边很危险，千万注意安全；三是家里事你们尽管放心，我和孩子们一块生活，你们不用惦记。岳母语重心长，对子女要远行国外实际上心里放心不下，但深明事理，放得开，不扯女婿女儿的后腿。我们听了以后很感动，把两个孩子交给姥姥。告诉她，我们没有什么不放心的，让她也多加保重。

岳母经历过战乱，特别是卢沟桥事变后，岳父从西安前往重庆，岳母只身带着两个女儿，从北平南下到重庆去和丈夫会合。从北平出发南下，在烽火连天的岁月，长途奔波，乘车乘船，取道中越边界，又从河内绕道抵达重庆。在重庆大轰炸时，带着孩子逃命防空洞，自家屋舍在日军轰炸中毁掉。二战结束，岳父一个人先行回到北平，岳母再次带着两个女儿北上，一路上也是千辛万苦。她是经过战乱风雨，见过世面的。岳母的嘱咐，我牢记在心。至今想起来，不由得从内心深处感谢老人家。

机票订好，我们从北京出发，途径沙迦和安曼。联合国对伊拉克实行空中封锁，只允许从约旦首都安曼到巴格达的客机来往。我们在安曼短暂停留，同张德良大使和馆内外交官叶水林等交换了对形势的看法，大家的倾向意见是“凶多吉少”，看来战争难以避免，约旦也难避开战争之乱。

12月9日，我们飞往巴格达。这是两个月中我第二次飞往巴格达，空中飞行不到一小时，降落在萨达姆机场。飞机徐徐向停机坪滑行，从机舱口往外看，暮色降临，指挥塔高高耸立，顶端的导航灯光闪烁。这时候，我看到另外几架波音飞机准备起航。地勤人员、充电车、冲水车忙忙碌碌。机场似乎操作如常。候机大厅乘客不少，但国际航空的办事处空无一人，走来走去的机组人员和空姐都是伊拉克人。

伊拉克礼宾司官员迎过来，带我们进入贵宾室。使馆领导都来了，大家已见过一面，都是我即将共事的战友。

作为大使，我终于踏上了伊拉克的土地。从这天到再次离开巴格达，我们经历了海湾战争爆发前的37个日日夜夜。

战斗在外交前沿阵地的好队伍

可能是旅途劳累了，第一晚睡得很香。第二天一早夫人埋怨我怎么那么大的呼噜声，还有粗有细，有高有低，吵得她一晚上不得安宁。

12月10日清晨，我到使馆各处走走。晨曦下馆舍一片宁静，一片绿色。三栋大楼分散坐落在南北西三面。花坛、树木、游泳池、亭台水榭，布局合理，错落有致。上次来到使馆已是晚间，紧张忙碌，压根儿没有好好看看馆舍是什么样子。早就听说驻伊拉克大使馆的建筑是得了奖的，果然名不虚传。池塘中的小亭子用大理石铺成，亭内石桌、石凳，亭上雕梁画柱，似乎苏州园林搬到了这里。水塘中硕大的金色鲤鱼，少说有三四十条，看到有人靠近，纷纷聚到塘边觅食，塘内水波荡漾，锦鲤上下游动，一片红色涟漪，煞是美丽。突然，水塘上落下几只大鸟，白色，像是海鸥，悠闲自在地在水中游动，看样子是使馆的常客了。

官邸坐落在院内西边角落，二层小楼。后侧有一个露天游泳池。我想，能在伊拉克使馆工作，有这么好的馆舍，比北也门的使馆可是强多了，真是福气，多好的地方呀。就是……别打仗呀。

使馆外面有一大片开阔的荒地，很远处有一栋刚刚落成的白色建筑物，外边有大兵把守。后来知道，是科威特驻巴格达大使馆，竣工后还没等开馆，主人还没入住，伊拉克就把人家的国家给占了。科威特有派驻伊拉克的大使馆，这可是科威特是主权国家的铁证呀。后来的日子里，经常看到建筑物戒备森严，里面灯火通明，身穿复兴党党服的人出出进进，原来这里成了伊拉克党政头脑人物开会的地方，后来又听说成了阿齐兹的办公机构。国际法规定，使馆所在地是派驻国的领土，外人不得侵犯。

强盗坐到别人家里来了。伊拉克此举，和入侵科威特领土不无二致，连科威特使馆也不放过。吃了肉不吐骨头，侵犯科威特主权，侮辱了科威特人民！

我心里盘算着，从今天（12月10日）到联合国安理会给萨达姆的撤军期限（次年1月15日），还有整整37天。战争会不会打响，不由我们来定。工作要立足于“打”，不能有侥幸心理，这样才能少些被动，少些损失。

当天上午，第一件事，召集领导班子，传达国内指示。大家看法一致，当前两件事最为重要，一是备战应变，准备美伊开战，巴格达将成为战区；二是做好形势调研。局势发展难以预料，萨达姆下一步如何动作，我们身在伊拉克，这个任务要完成好。动态调研、静态调研都要做，一定意义上，第二项任务难度更大。

90年代初期，网络信息很不普及。我们进入一个被封锁了四个月的巴格达，消息十分闭塞。政府严格控制新闻媒体，广播、电视、报纸一个调门。看报纸看不出什么名堂。不能被当地媒体牵着鼻子走，调研要体现出真实性、针对性、时效性，否则抓不住重点，还乱了自己的方寸。不能老待在使馆里，要走出去。

使馆领导心齐，队伍健康向上，积极努力。“8·2事件”以来，工作量加大许多，生活条件不如过去。科威特“万人大撤退”，全部人员取道伊拉克，从巴格达前往约旦首都安曼。经历过“大撤退”的同志们对我说，当时中国劳务乘坐各种交通工具进入伊拉克，经巴格达开往伊约边境。使馆经参处派人四处寻找失散迷路的车队，引导他们在某地集中，给他们送去食品和水。在中国劳务（也包括100名台湾同胞和香港同胞）撤退过程中，伊拉克方面比较配合。一路上各道关卡只要看到挂有中国国旗的车队，听到来人说一声“CHINA”，他们就会放行。当时中共中央领导同志指示外交部、经贸部等部门，不惜一切代价全力保证所有中国劳务安全撤回国内。中国民航共出动24架次包机和航班接送劳务人员回国。

还有一件事，一定要提一下。伊拉克入侵科威特之后，随即宣布科威特为伊拉克的第19省，同时要求各国驻科威特大使馆必须在8月6日之前关闭，否则，过期就不再享受外交人员待遇。中国驻科威特使馆和经商处的人员要相继撤离。但是大量财产没有来得及转移，人员撤离后肯定会被抢劫一空。使馆请示外交部后，决定派人进入科威特抢回使馆财产。办公室小梁和经商处李小兵，加上两名司机奉命执行抢回任务。当时，大量难民都在往外逃，他们却逆流而上。科威特城里到处是荷枪实弹的伊拉克大兵，可以说是危险无处不在。他们开着两辆使馆车，又租了两辆厢式卡车，不顾500多公里的长途奔波，到达科威特后连夜装车，尽可能把使馆内的电器等贵重物品装到车上，其间不时有伊拉克大兵上前盘问。小梁等四人冒着生命危险为国家抢救了大批财产。

面临突发事件，使馆全力以赴，安全地把万人送到约旦，奔赴科威特抢回使馆物资。这真是一支无愧于周恩来总理要求的外事队伍："外交人员就是文装解放军"。

萨达姆不接受国书

作为赴任大使，首先要拜会伊方官员，先见外交部礼宾司的领导。我提出何时递交国书，对方说，尽快安排吧。当地惯例是，国家领导人按批接受外国大使的国书。我到达之前，没有什么他国新任大使，要等待到什么时候？万一打起仗来，还没递交国书，怎么工作呀？我问，能不能先拜会政府官员？对方说，除了总理等高级领导人，可以拜会部长级官员，但是必须通过礼宾司安排。入乡随俗吧，我照办就是。

抓紧时间，开始拜会部长。这些部长一部分跟着萨达姆打天下，其他的多半是技术官僚，国外留学，获得学位的不少，学识渊博，彬彬有礼，很健谈。在着装上，清一色复兴党党服。虽然局势紧张，这些官员倒也表现泰然，自尊自信。不少部长访问过中国，对中国熟悉，了解中国近代史，赞扬二万五千里长征，感谢中国支持阿拉伯人民正义事业，支持巴勒斯坦解放斗争。伊拉克官员对国际和地区形势相当了解，民族情绪很强，似乎"肩负阿拉伯民族解放事业的历史重担"。

还有这么一位部长，他的话我记得很清楚。他特别强调说，伊拉克面临西方强大军事压力，我们不怕，美帝国主义是"纸老虎"。我们会打败“纸老虎”。

我走在各部门的办公大楼里，环视四周，虽然多半是行政部门，但有军事部门特色，纪律严明，工作节奏快，有点军事化操作。他们心里怎么想的，不会告诉你，难道他们真的认为面对的美国就是纸做的老虎吗？伊拉克必胜吗？

终于等到递交国书。礼宾司通知使馆，近期安排中国大使递交国书，请大使留意。一天上午，消息来了，革命指导委员会副主席伊扎丁·易卜拉欣接受大使国书。后来知道，萨达姆从来不接受外国使节的国书，由易卜拉欣接见大使。我按时应对方要求，乘车抵达伊拉克外交部。礼宾司准备了车辆在那儿等候，使馆车留在外交部。我和参赞等使馆高级官员登上前往总统府的礼宾车。在一座宫殿式的建筑大楼门前，车辆停了下来。大厅外，有仪仗队接受新任大使检阅，然后我们进入大厅。

按仪式规定，我高声念诵颂词，双手把国书交给易卜拉欣。易卜拉欣个头很高，身体显得很单薄，头发微黄色，有点秃顶，面孔苍白。据说此人长期患病，穿上军服还颇有儒将风度。他说话声音不高，讲了一些友好的官话，闭口不谈地区形势。他是萨达姆的挚友，出生在巴格达附近的杜里地区，早年和萨达姆共事，复兴党元老之一，深得萨达姆敬重信任，但不属于萨达姆家族嫡系人物。萨达姆有重大任务经常交给他办，不久前他还前

同伊拉克外交部礼宾司司长（右二）签两国领事协议

往沙特吉达与科威特王储会谈。

递交国书完毕，我作为中国驻伊拉克大使的法律程序履行完毕，真正意义地走马上任了。递交国书前，伊礼宾司要走了我的国书，之后又还给我。此举在国际上不多见，一般规矩，递交国书之前，先见外长，交出国书副本和颂词，没必要交国书原件。是什么原因，闹不明白。有人告诉我，在伊拉克工作怪事不少，你伸出手，对方不握，据说是为了安全，怕你手上有“细菌”。

形势愈发扑朔迷离

我参加的第一个使团招待会，是在拉希德饭店，也就是阿齐兹宴请钱外长的地方。大厅灯光暗暗的，使节们走来走去，在半明半暗处交头接耳，但不失外交官风度。酒会气氛友好，谈话声、笑声不绝于耳。外交官的夫人们凑在一起聊天，互相询问，声音很大：你们家属有回国的吗？孩子们走了没有？我站在吧台旁边，初来乍到，还没有拜会使团大使们，谁也不认识。我想，使节们多半是在交换信息和看法吧，中心题目一定围绕海湾会不会发生战争，相互摸底询问：准备撤馆吗？什么时候撤？

招待会来了不少使团外交官，个个西服革履，手端酒杯，礼貌地相互谦让着。看来，这里的外交官也是扎堆，西方的聚在一起聊，阿拉伯的谈兴正浓，非洲使节和亚洲使节来的不多。

我正向周围张望，突然一位老者走到我身旁，头发灰白，戴金丝边眼镜，个头不高，看样子是来自亚洲国家。他主动同我握手，说阁下是新到任的中国大使吧！我点点头说，是，刚到巴格达没有几天，请阁下多多指点。他告诉我，在巴格达干了五年多了。中国前任大使是我的好朋友，不幸病故了。有一年多巴格达没有中国大使了，阁下从外面来，一定知道不少信息。很想听听阁下对时局的看法。没想到，老兄初次见面，单刀直入，开口就谈形势。看来这里都在拿捏形势，感到前景莫测，心存焦急。我说，国际上仍在做和平努力，但局势发展不大乐观。这位老大使对我的回答并不以为然，他抽了一口雪茄，吐了口烟，靠近我身边，低声说，告诉你，这是一场游戏，仗打不起来。然后退了一步，做出角力士比斗的姿态，说，美国和萨达姆有默契，双方都商量好了，你出一拳，我踢一脚，双方谁都不过红线，不会“玩大发”了。这场戏很有看头呀。在这里工作五年了，伊拉克往往出险招，最终有惊无险。我以无比赞叹的眼光看着他，希望他多谈谈看法，把可能“玩大发了”的游戏再说说清楚。我问他，你们准备撤馆吗？他忽然打住了，不说话，只说了声对不起，转身走了。

这是我参加的第一个招待会，见到的第一个使节，对他的话当然重视。大家都在谈打仗，特别是安理会“678决议”后，普遍认为战争可能性很大，我琢磨不透的是，怎么这位大使如此乐观？回馆后，我想拜会这位大使，深谈一下，让办公室替我约会这位大使。过了几天，答复来了，该馆说大使已经离开巴格达，什么时候返馆不知道。人家已经溜之大吉！不是说“仗打不起来，这是一场游戏”吗？

我恍然大悟，巴格达的水够深的呀，重要的题目，人家能说实话吗，忽悠你没商量！

接下来，我登门拜访几位大使。一位在国内当过部长的阿拉伯国家大使说，阿拉伯国家的财富应该由阿拉伯民族共享，我们都是穆斯林，真主给了我们财富，地下石油属于大家。遗憾的是，人民不如牛羊，牛羊可以过界吃草，我们阿拉伯民族本来就是游牧民族，逐水草而生，牛羊跑来跑去，有草就吃，没有人管。为什么国界把财富分隔开，有的富得顶天，有的穷得掉底。他说了半天，我一听，原来是说，伊拉克侵略科威特无可非议呀。伊拉克经常做出“为穷哥们打抱不平”的姿态，招致某些阿拉伯国家同情伊侵科。但这种论调我还是第一次听到。这些阿拉伯国家对海湾产油国富甲天下心存不满，对以战争手段掠夺富国财富居然抱着同情和支持的态度，这是极不可取的。难道这样做能够“劫富济贫”吗？在人类历史上，这样的先例是有的，但是多半以失败告终。

还有的使节认为，萨达姆吞并科威特，野心不止于此，下一步可能目标是沙特。美国不可能看不到萨达姆的心思，坚决把他从科威特赶走，确保海湾特别是沙特的安全无虞。萨达姆不撤，美国开战势在必行。

也有不少使节认为，伊科问题应由阿拉伯内部解决，他们对美国大军进入海湾十分反感。他们认为，应该保全阿拉伯的实力，恢复阿拉伯团结，共同对付以色列，从这个目的出发，萨达姆也应该撤出科威特。这种主张尽管现实，但这些国家国力不强，萨达姆根本看不起他们，应了中国那句古语：人微言轻。

从西方外交官听到的看法比较一致，萨达姆必须从科威特撤军，还要狠狠教训他，否则惯于施展边缘政策的老手萨达姆不会消停。表面上，西方立场观点相似，但仔细品味字里行间不难看出，立场也不尽相同。除英国外，欧洲国家虽然也出兵加入西方联军，但内心还是希望不要打仗，不希望毁掉伊拉克。这里反映出欧美在中东海湾地区利益的角逐和冲突。欧洲劝和人士频繁出入巴格达。

苏联同伊拉克的关系密切，伊拉克军火装备主要来自苏联。苏联在巴格达的使馆是大馆，外交官不少，也有军事人员。同他们交谈，总的印象是，苏联无法，也无力阻止美国紧逼伊拉克。苏联也出动人士奔走呼号。伊拉克高官访苏，去了莫斯科，但苏联没有能力调解，使馆外交官流露出无可奈何情绪，表示如爆发战争，苏联不会派出一兵一卒。大势已去的苏联，“无可奈何花落去”。对原来的势力范围伊拉克的局势走向，影响很是有限了。

“8·2事件”以后，美英法同伊拉克关系紧张，虽没有断交，但三国驻伊拉克大使相继撤离，临时代办主事。在对外活动中，其他西方使节时隐时现。你问去向，对方多所答非所问，支支吾吾；谈及形势，环顾左右而言他；或守口如瓶，担心他们的表态传到当局耳中成为某种信息。另一方面，主导权在美国手中，纷乱复杂的信息也不可靠，作为外交官，不能听风就是雨。

亚非拉使节基本在观望形势发展，阿拉伯使节则活跃得多。一定程度上他们是“当事者”，希望萨达姆的强硬态度有所变化，争取在阿拉伯范围内解决危机。安理会五个常任理事国中只有苏联和中国大使没有离开。如此情况，开展对外活动很困难。同当地朋友交流，担心给人家添麻烦，甚至危险，情报特务部门对当地人监控无孔不入。一位阿拉伯国家大使同我关系不错，我曾在他的国家工作过。他很坦率，对我说，国际和平扭转不了局势，萨达姆不会撤军，美国的行动都是为了开战做准备。我问他你离开这里吗？他做出无可奈何的样子，不好作答，看来身不由己。他反问我，阁下是不是要离开，我说再看看吧。

战后我得知，战时这位大使一直留在巴格达，后来生了病才回国，死于白血病。他是我外交生涯中难得的一位外国挚友。

战前准备紧锣密鼓

使馆自“8·2”已经撤了一批人，留下的除使馆本部外，还有中资公司和项目劳务人员等，共计80余人，国内要求继续分批撤离，各部委已经停止向伊拉克和附近国家派出经贸人员，方针是压缩精简。物质方面，为了防备不时之需，国内播出专款，使馆可以购足三个月的粮食、方便食品等生活必需用品，存入仓库。还要备足药品，光是治疗头疼脑热的药品不行，要备好急救药物。巴格达市场上药品严重不足，供货奇缺。使馆内药品箱专人负责。交通工具是活动的动力，给汽车备足汽油，馆内发电机要备足柴油，不能断电。

游泳池洗刷干净，注满水，成了最大的贮水设备，在极度困难的条件下，水就是生命。一旦打仗，空袭在所难免，巴格达到处有防空洞，使馆内防空设施就是地下室了。大家把宿舍楼的地下室腾空，按单位划定房间，同时备好水、照明、细沙（防火）和防火器材。

钱外长访问中东海湾四国的时候，给驻伊拉克使馆带来了防毒面具。这是备战物资，一直放在顺手可得的地方。有一天，馆领导把大家集中在办公楼大厅，集体演练如何使用防毒面具。武官给大家讲了有关知识，个个穿上避弹衣和面具。乍一看，一支防化部队开进了使馆。穿上防毒衣，戴上面具，太难受了，憋气闷得慌，动作很不方便。眼睛透过玻璃片看外面，说实话什么都看不清楚。这么一操练，亲身体会一下，大家进入了迎战状态。

根据国际法，使馆是外国派驻机构，受驻在国保护，不得侵犯。但一旦战争打响，炮弹满天飞，万一落在使馆，后果不堪设想。大家说，让飞机从天上能够看得到中国大使馆的标志，在楼顶大平台上画幅国旗吧。办公室的同志们来到办公楼楼顶平台上，经过精心设计，按照国旗的比例，用红色和黄色的油漆画了一大幅五星红旗。如有不速之客降临，这大幅国旗，从空中应该看得清楚，至少是个警示。此项“君子协定”能否有效，天知道？

若干年后，美国袭击中国驻南斯拉夫使馆，能说是不知道目标吗？我们那时候为了防止损失，尽力而为吧，万无一失很难做到。更重要的是思想有充分准备，不怕牺牲，临危不惧，遇事不慌，即便出现情况，会出现急中生智的办法。当时我最担心的是，如果有人受伤，受重伤，可怎么办？走一步看一步吧。

伊侵科事件四个月了，使馆上上下下超负荷地工作着，尤其是领导。黎参赞是老资格外交官，工作经验丰富，认真负责，全局观念强。他处在第一线，考虑问题细致周到，是一名得力干将。工作太累，不得休息，眼睛不舒服有一段时间了，但他没有吭声，坚持工作。有一天，忽然一只眼睛看东西不成形了，检查结果是视网膜脱落。这是急症，必须迅速治疗。由于封锁，当地医疗条件很差，使馆决定立刻让他回国治病。当时，他一再强调可以坚持，不愿离开岗位。大家劝他当务之急是治病，不能再拖，要下决心。国内非常关心黎参赞的病情，他回国后下飞机就去了医院，在同仁医院得到及时治疗，保住了眼睛，术后恢复很好，我们得到消息，一块石头落地。我刚到使馆11天，一员大将回国，心中感到压力，但同志间的亲情胜过一切，越是困难时刻越要关心照顾同志，有困难克服就是。

抓使馆工作，也要一张一弛，不能弦拉得太紧。巴格达气氛压抑、沉重，工作头绪再多也要抓重点，不能无限制地消耗大家的精力体力。使馆及时提出，我们的总目标是在毫无外援接济的条件下也能坚持三个月。办公室同志想方设法搞生活物资，米面罐头汽油齐备，保持游泳池一池清水。经过一番努力，目的达到。

从巴格达空中出境，只剩下去约旦一条通道。在没有撤退计划的情况下，必须做好随时可撤的准备，许多工作不能临时再办。办公室开始检查全体人员去约旦的签证，看看是否过期，过期的全部到约旦驻伊拉克使馆办理。使团朋友告诉，如果没有约旦签证就走，到了安曼机场麻烦就大了。这个时候，巴格达的外国人纷纷离开，机场人山人海。购买机票不易，不早买，到时候来不及了。但是，如果买早了，不走，怎么办。必须做到让全馆人员都有一张机票，决定先到机场排队买票，如果到期不走，就办延期。这样，办公室的同志每天跑机场。国际航班飞往巴格达的越来越少，最后连约旦航线也不正常了。

在我到达使馆之前，中资公司在伊拉克劳务人员已经基本撤走了，但在伊拉克北部摩苏尔城郊的北佳项目一批22人仍未撤离。使馆经济参赞处多次联系，但那边通信条件极差，反复联系，也难通话。那里离巴格达400多公里，信息闭塞，战争紧张气氛还没有蔓延到工地。听说有的工人还在街上遛弯购物。我当时极为不安，库尔德地区政治和治安形势一直不稳，是事端多发地。伊拉克侵略科威特后，中央政府对库尔德地区重兵防范。使馆下了死命令，限时必须赶到巴格达，搭乘飞机去约旦。但这批人员能否顺利回到巴格达，我心中也没数。如果开战，他们不同于使馆人员，生活和安全毫无保障。实在回不来，使馆派人去接。我们身在国外任职，对所有中国公民的安全都负有责任，只要有一个人在，如果这批人不能撤走，使馆就要留人。使馆处在第一线，是国家代表机构，坚守阵地，责无旁贷。

整个使馆人员都为北方的工人兄弟担心，大家翘首等待他们过来，终于一个夜晚，这批劳务人员到了巴格达，我心中一块大石头落地。为防意外，赶紧去机场购票，送他们离境。没预料，这批人在机场遇上麻烦，边防不许他们登机。理由是他们来伊拉克是从陆地入境，离境也需从陆地出境。离登机时间不多了，边防毫不通融，费了九牛二虎之力搞到机票，谁想到这里出了故障。

我决定去趟机场。我对边防人员说，中国劳务人员是伊拉克的客人，他们撤出的原因并非中方造成的，他们不能正常工作已经受到损失。他们的离境手续，包括机票，一切合法。为什么不能走？边防官员看到中国大使来了，还算客气，他强调说，这批中国人没有机场入境的签证，约旦方面不会让他们入境的。他认为，我们让他们登机是明知故犯，到了约旦，会让他们乘原班飞机返回巴格达。他又说，现在安曼的机票很紧张，去约旦的人很多，为什么明知他们去不成，还占有机票？

我当时比较激动，强调不让劳务人员出境是伊拉克方面的决定，约旦方面没有表示他们不能入境，你们是主人，只让客人来，不让客人走吗？这位官员一时无话可说，最后还是强词夺理，说那如果他们被约旦方面遣回，伊方概不负责。我看他开始松口了，赶紧缓和气氛，请他帮忙，解决登机问题。我一再声明，如果他们返回，我一概负责。问题终于得到解决。看到劳务人员登上飞机，我松了一口气。

劳务同志们抵达安曼的时间是1月13日，即安理会“678决议”限期动武的前两天。后来我们从安曼得到消息，从巴格达撤出的22位中国劳务，由于没有入境（约旦）签证，不准下飞机，机场边防坚持他们乘原班机返回。中国驻约旦大使张德良为此赶赴机场，全力交涉，最终允许劳务人员下了飞机，但限期离开安曼。驻约旦使馆为他们购买了回国机票，送他们安全返回国内。这批劳务人员两出两进，飞机一起一落，是由两位大使一头一尾全程交涉完成的。后来在安曼见到张大使，感谢他的大力配合，他说，人都到安曼了，能让他们再回巴格达吗？笑话！

军警特宪全面控制巴格达

有一天，我去了趟伊拉克航空公司售票处，这些天买票太困难，我想看看能不能以大使身份通融一下。售票处前人头攒动，吵闹声、喊叫声一片。“为什么没票？”“等了那么多天了。”“怎么回事？”外边急，里边不急，坐在售票处窗口的伊航人员镇静自若，不紧不慢地工作着。我看他们服装干净笔挺，训练有素，耐心地接待顾客，好像一点儿没受到巴格达紧张气氛的影响，对顾客的怒气还挺理解的。看到这种情景，知道买票确实不易。

这时候，一位黄发，大眼睛，脸庞蛮漂亮的女工作人员，站在柜台的后边，手里拿着只圆珠笔。她拿着笔指着我说，您是中国外交官？我说，是呀。姑娘脸上露出很不理解的样子，说，中国大使馆的人也要走？你们害怕战争！我笑着说，我们还有人在，不会都回去。姑娘笑了笑，点点头，带着点神秘的表情，靠近我们低声悄悄地说，我们有很厉害的武器，两种液体混合在一起，就能成为杀伤力很强的毒气，谁敢来侵犯伊拉克，就把谁毒死！我们听了一愣，勉强笑了笑，没有作答。姑娘好像认为我们不相信，还想说下去。我们不愿多谈这种敏感话题，说了声谢谢，赶紧离开了。

当时国际上，特别是西方国家，都在关注伊拉克是否有化学武器的问题。看来伊拉克当局的宣传还蛮起作用，老百姓居然也拿“毒气”说事，这样有恃无恐，让人感到吃惊。当权者欺骗百姓，让他们对战争产生幻想。殊不知，毒气不像子弹，没长眼，放了毒气，杀死的不仅是敌人，老百姓也遭殃。这姑娘过于天真了。

从市面上看，人们生活起居尚属正常，巴格达城市还在运转，保持低水平生活，水电汽油供应按照配给发放。然而，大兵压境，城市笼罩在紧张和不安之中。豪华的商业街，虽店铺门面灯火辉煌，但店内货架上商品空空如也。全城最热闹的地方是“跳蚤市场”，因为生活贫困，很多中产阶层家庭，把用不着的东西拿到这里变卖，甚至珍藏多年的艺术品、邮票册，拿出来换几个钱。食品店也热闹，人们担心断粮，争相抢购发放到市场上的食品，鸡蛋已成为奢侈品。当局首先保证战略储备，充分保证军队的需要。

大街上军警特增多，“特”指“特种人员”。军人和警察有特定服装，好识别。警察手里拿着警棍，军事警察是头戴红色贝雷帽的。但是有一种身穿复兴党服装的军人，看不出他们属于什么部队，但是警察或军警见到他们都要立正，敬礼。从朋友那里打听到，这是特种人员，由复兴党党员组成。复兴党组织极为严密，加入复兴党很难，申请入党者要经受六到七年的考察考验。先加入外围组织，合格者最后允许成为正式党员。

复兴党组织从基层到上层，结构十分复杂、神秘，有公开身份的党员，有不公开身份的秘密党务工作者。这些人在学校里，可能是教授、行政人员，也可能是清洁工、洗衣工。互相之间不透露身份，隐藏在基层的可以打报告直呈中央。复兴党员在伊拉克是种特殊身份，有权享受不同等级的“待遇”，包括薪俸、住房、汽车，等等。“久经考验”的复兴党员可以配枪，带枪外出。夜晚10点以后，看到“可疑份子”“有意作乱者”，可以开枪击毙，不受司法审讯或惩罚。

萨达姆对内控制多管齐下，各种情报机构负有专职又互相制约。据说，过去东德曾帮助伊拉克建立特务系统。我刚到巴格达不久，友好的使团朋友告诉我，上街、对外活动、在外谈话要注意周围，有无可疑人物在监视、偷听。我在招待会上同朋友交谈，特别是和当地人士交谈，突然间，对方停止谈话，“不辞而别”，谈话就这么结束了。一开始我琢磨，这人也忒没礼貌了。后来知道，人家知道有“耳朵”在边上，他们有经验识别这些人。还有时候，在商店里，有人跟着进来，站在你身后或在店内四处张望，店员变得很不自在。我们知道有人“盯”上了，赶紧走，别给商店找麻烦。

为了“清理”城市，市局派出便衣加上警察，在大街上捕捉因制裁而项目停工，但滞留在伊拉克的劳务人员（如泰国人、马来西亚人）。中国使馆一位司机上街办事，正在走路，突然被人抓住，要带走。司机说“西纳”（类似阿拉伯语中国的发音），对方听不懂，以为他是泰国人，不由分说，就要带走。司机急了，指着他开的车，让他们看牌照。便衣看到是外交牌照，司机打开车门进去了，才放行。回馆后讲了这个故事，虽说虚惊一场，但要引起注意，采取紧急措施，不许单人上街。

伊拉克外交部大楼附近有一个小区，区内一簇新建楼房，平时寂静无声。有一天我经过时，突然发现楼顶架起了高射机枪，最高层窗户紧闭，很少有人进出。这个楼有个名称："寡妇楼"，本应是一块净土，受到社会保护。这里住着在两伊战争中失去丈夫的遗孀，或单亲家庭。两伊战争据可查明数字，八年战争中双方共死亡60万人，伊拉克方面20万，伊朗方面40万。战后安排阵亡家属，伊拉克当局在巴格达市区建造了专门为无依无靠的死者妻儿居住的楼房，政府负担开支。寡妇如再婚，则搬出此楼，迁出另住。政府对男人娶阵亡官兵妻子，再建家庭，发给补助。这项政策本来体现了对亡灵和孤儿寡母的抚恤。但战争终于给两个国家带来沉重负担，受伤人员100万（伊拉克40万，伊朗60万），战争消耗和经济损失大约5400亿美元。令人无法理解的是，伊拉克元气未恢复，萨达姆又要发动侵略，把火药桶的引信放到了科威特，一旦那边点燃战火，战争火焰就要在巴格达引爆。"寡妇楼"上架上高射机枪，"寡妇楼"不是又成为军事目标了吗？楼里可是住着阵亡者的妻儿老小。

再好的政策也不能为不义之战挂上遮羞布。不少阿拉伯人说，萨达姆打仗打疯了，把国家当成战争机器，掌权者如此思维，以战争逻辑考虑问题，人民必然遭受大灾大难。

"唐老鸭"飞到巴格达

我到使馆不久，认识了新华社常驻巴格达分社首席记者朱少华同志。我们管他叫老朱，这是位熟悉业务、干练、工作认真、为人谦和的老记者，经常来使馆聊新闻，话形势。作为记者，他的活动比我们自由多了，在非常时期，他的风险也超过我们，但他经常出去抓拍情况，向我们介绍。

一天，他突然带来一位刚从国内赶到巴格达的年轻记者，他就是颇有名气的唐师曾，外号"唐老鸭"。我同这位年轻人握手寒暄，感到他颇有些不寻常。他个头同我差不多，超过一米八，圆圆的面孔，大副眼镜，一身战地记者装束。可能因为是摄影记者吧，红色绒衣上套着一个坎肩，坎肩上缝有大大小小的口袋，坎肩上还绣上了五星红旗。这同我们使馆楼顶上的五星红旗“不谋而合”了，他走到哪儿，人家都会立刻知道他来自中国。

如果战争爆发，局势出现混乱，这个标志可是个“护身符”呀，告诉外人：我是中国人。国旗是国家最崇高的标志，最有分量的民族语音，显示着国家的尊严、地位和实力。带着五星红旗，记者同祖国息息相通，他为祖国工作，祖国和人民保护着他，做他强大的后盾。当时我想，这小伙子够机灵！国内派人到战争前的巴格达访问，确实难得。但我随即想到，人都在往外撤，怎么还来人呢，这可怎么好？

小唐似乎猜到我的心思，立刻报告：我的任务就是到第一线采访。说着，笑眯眯地跟我套近乎说，听说您也是北大毕业的？我说，是呀。我问他，你也是北大毕业？他说，“我是北大国际政治系毕业，咱们是校友，请多多关照。”听了这句话，我一愣，一时难以作答。我想，让我关照，这个词里有玄机呀。从后来发生的事情中，我更明白这句话是铺垫，让我关照的地方还多着呢。

初次见面，我对他印象不错。我面前的小伙子，有朝气，活力，自信，机智，胆大，具有现代青年“闯江湖”的那股劲儿。事后了解到，“唐老鸭”这个绰号，在国内新闻界颇有名气，是“抢新闻”的好手。他为了表示24小时之内，任何时候可以找到他，在名片上印着：有新闻，请拨打无线寻呼126—5566，以及专线号码。

“唐老鸭”飞到巴格达，要豁出命大干一番吧。我预感，这是一匹烈马，随时准备驰骋疆场，拍下中国战地记者首批新闻图片。问题是伊拉克当局对新闻管制很严，外国记者往往无故被扣，被驱除出境的也有。这人还得勒住点，不能让他自己闯。当然，也得看他如何施展才能了。

过了几天，一个晚上，小唐来到我住处，两人聊了起来。他告诉我，他是主动申请来海湾采访。对局势，他的看法是，这场战争必打无疑，我就是冲着战争来的，做战地采访别有一番滋味……小命如何，就很难说了，反正我只身一人，毫无牵挂，家里事情都安排好了。他还说，记者为采访一条新闻而献身，国际上不乏先例。他们是真正的记者，真正的历史见证人，当个历史见证人，有什么不好？一席话让我感动。小唐说，他担心在巴格达抢不到新闻，只要有工作，赶上几天几夜不吃不喝没关系，就怕赶不到点子上。错过时机了，拍不到现场照片就糟糕了，没有意义。看得出来，他感到压力不小。

国际大通讯社记者装备先进，在巴格达享有声望的CNN记者PETER（彼得），随身带着“锅”（卫星发射器天线），随时发消息。我们还得靠传真机，时效差远啦。

面对年轻人的热情，我不能泼冷水，但要实事求是。我告诉他局势复杂、危险，他必须要学会保护自己，“完整无缺”地完成任务回家。我们坐着聊，不知不觉，聊到了半夜两点。小唐走后，我久久不能入睡，我对夫人李中说，当记者不容易，小唐是个当记者的料，很有抱负。中国是大国，我们需要更多的，能在国际热点地区闯荡的记者，让世界听到、看到中国记者热点新闻的第一手报道，这才符合中国的国际地位。

使团纷纷撤离

12月22日至25日，海湾合作委员会在卡塔尔召开第十一届首脑会议。这是安理会“678决议”之后阿拉伯国家召开的一次重要会议。在会上，科威特元首强烈要求伊拉克撤军，呼吁国际社会主持公道，支持科威特立场。会议强调伊拉克必须无条件撤军，决定使用各种手段保证恢复科威特主权和合法地位。这次会议的意图是促美国尽快采取强硬措施，如果萨达姆不在1991年1月15日前撤出科威特，即应该对伊拉克动武。科威特最担心局势发展出现“疲软”，夜长梦多。苏联和欧洲仍在为和平解决奔走，拖下去，对科威特极为不利。沙特全力支持科的要求。

在巴格达的使团认为，海湾国家正式、公开达成一致，增加了以武力解决海湾危机的分量，对伊拉克开战成为海湾国家的一致要求。

此时，萨达姆有个不寻常的举动令人费解。伊拉克当局突然宣布，上百架飞机飞往伊朗，躲避战祸。萨达姆同老对手打了八年，两家和好，还把自己的飞机送过去，这是什么意图？是要避开美国打击还是决心同美国死拼一场？

海湾国家寻求武力解决，立场强硬，伊拉克国内备战步骤加紧。在巴格达的使团闻风而动，外交官家属大批撤离，许多使馆对外虽不称闭馆，但联络中断，当地雇员维持门面。使馆区内毫无生气，似乎凝固了，只有国旗还在高空中随风飘动。使团里流行一句话：撤不撤？还流行一句话：尚未接到国内指示。官腔打得很足。

西方使馆里有一位大使身份特殊，是梵蒂冈驻伊拉克大使。他是位神甫，中等身材，面善，和蔼，永远一身黑袍，胸前挂着十字架。他倒是经常参加外交活动，很有人缘。中国和梵蒂冈没有外交关系，活动中经常碰到也以礼相待，我和他见面时打打招呼，还说上几句话。一次在宴会中我们坐在一起，话也就多了。他很少主动谈形势，绝对不提撤离问题，即便大家都表了态度，他也是说句话应付一下。我琢磨，这位大使在这里的使命是什么呢？也许他既是大使身份，还是神职人员，在危难之际他要和教民待在一起，再说，有上帝保佑，他虔诚的信念和宗教职责不能动摇。

时间迫近1991年元旦，当地有基督徒（阿齐兹外长就是基督徒），但看不到庆祝圣诞节的活动，元旦（伊拉克使用公元纪年）更没有节日气氛。有的使馆安排些活动，但不宣扬，十分低调。一次活动中，一位和中国关系不错的东南亚国家大使把我叫到一边，低声对我说，国内指示来了，让我尽快撤出。这时他脸部表情非常严肃，对我说，战争不可避免了，只是时间问题，不会拖。他在巴格达时间不短，比我了解情况，特别是他对伊拉克同美国关系比我更清楚，西方使节经常和他通气。我开玩笑说，老朋友都走了，我们怎么办？他想了想，直爽地说，你们每天去看看美国使馆的动静，看他的国旗是否还在？如果旗杆上没有国旗了，请阁下赶快离开伊拉克。这可是很好的建议呀，这位大使真够朋友。美国使馆降旗了，是开战的信号。我紧握他的手，谢谢他的建议，祝他和家人一路平安。

回到使馆，我思量这位大使的提示，美国现在没有同伊拉克断交，美国国旗还升在那里，其实外交官已经撤离了，剩下雇员，不能说是美国闭馆或断绝关系。

我安排司机一个任务，每天去使馆区兜兜，看哪些使馆没有国旗了，特别是美国使馆。听说美国使馆早已开始撤馆，先是撤家属，后来国内派专机来接应，全部撤离。南斯拉夫代办告诉我，美国使馆通知他，给他两个专机的座位，可以一起走。他没有接受，使馆还有其他人在，怎么能我带着老婆先走？从南斯拉夫代办那里了解到，西方使馆撤人相互支援，他们是一个团团，内部协调，这是我从西方外交官那里了解不到的情况。南斯拉夫代办是我的好朋友，一直到我1994年离任，我们关系很亲切。

1991年1月初，古巴大使夫妇邀请我们夫妇出席晚宴。古巴大使友好、爽朗，带着南美洲人的热情好客。大使很年轻，出身矿工家庭，父亲是老一辈古巴革命战士。他的夫人是俄罗斯人，通几国语言，尤其精通西班牙语，二人在莫斯科相遇，结为伉俪。夫人一头乌黑秀发，高鼻梁大眼睛，也带着俄罗斯妇女的热情好客爽朗。她说话风趣，也是职业妇女，和我夫人虽认识不久，但十分谈得来。古巴使馆参赞是职业外交官，比大使还要老练。

大使官邸坐落在住宅区，楼内和过厅放置浓厚南美洲风格的木雕等艺术品。我们抵达时，客厅已有几位先到的大使，古巴大使一一为我们介绍。让我们感到吃惊的是，在座的有来自同一拉美国家的两位大使，一位即将离任，一位即将上任。看来他们国家有同时两位大使在任上交接工作的习惯，这二位都是资深外交官。我想，现在使团团长一个接着一个地撤离，怎么这个国家还派出新大使赴任，可见这个拉美国家同伊拉克关系不一般。新大使必是经验丰富、处变不惊的高手，他一定会留下。来自拉美的现任大使带着骄傲的口气说，伊拉克方面正安排新任大使递交国书事宜。

在座的另外一位是来自西欧国家使馆的临时代办，瘦长身材，精明，像是媒体老手，说起话来滔滔不绝，绘声绘色。他颇有感叹地说，哎呀，巴格达的使团人士越来越少，大家都在向国内报告时局动向，甚至准备撤离，没有心思搞活动了。今天大家聚会在古巴大使这里，甩开工作，很高兴。他手里拿着一杯威士忌酒，边喝边谈，消闲自得。我问他，你看美国人准备开战？萨达姆在关键时刻会撤军？他直率地说，让他撤军也难，美国是打算开战的。包括他的国家在内的欧洲国家来高官访问，在朝在野，社会名流，来了不少，劝和，可萨达姆没有松口，前景不妙呀。我单刀直入地问，那你准备离开巴格达？他高声回答，我？我才不撤呢。你知道，我长期在黎巴嫩工作，一干就是六年，亲历了黎巴嫩内战。以色列攻击巴勒斯坦难民营，全过程我都亲临了，我还写了一本书。这次我在巴格达，难得的机会呀，有幸再一次经历战争，肯定比黎巴嫩战争更刺激，我得亲眼看看，据实记录，将来再出一本书。

这位先生是我在巴格达交谈的第一位西欧国家外交官，他可真善谈，说的比你问的还多。常听说欧洲人浪漫，乐观，欢快，遇上什么事都能寻找开心。我算是亲身领略了他们“为人处事”的风格。大家边吃边谈，很高兴在巴格达品尝到拉美美味。

席间，古巴大使说，他有十分棘手的任务，在巴格达有上百名古巴医生和护士，他们怎么办？是走？是留？如果开战，医生和护士是最为需要的人，救死扶伤，甚至要去战场，枪林弹雨，我如何保证保护他们的安全？真是让我伤透脑筋。大家听了表示同情，纷纷点头，但很难表态。古巴同伊拉克关系很好，撤不撤走医护人员也是敏感问题。俗话说，患难见真情，你这时候要走，伊拉克方面未必同意，可以找出很多理由留住他们。我心想，这事落在古巴大使身上了，哈瓦那没给指示吧。大家理解古巴大使的难处，只能把话题扯开了。

晚宴结束，大家告辞。我对那位善谈的代办说，什么时候咱们再聊聊？他点头说，好，好！说话间他进了车门，汽车飞快地开走了。此时我一看表，已过子夜，凌晨1点多钟了。第二天上午，我让办公室约见那位代办，使馆办公室回答，代办先生已经离开，不在巴格达。真奇怪，昨晚还见到，怎么时隔八九个小时，人不在了？对方告，昨夜，代办先生乘该国议会外委会主席的专机一起回国了。这时我才想到，对呀，这位外委会主席匆匆访问巴格达，在做最后努力，劝萨达姆撤军，来去匆匆，当夜就走。昨晚还信誓旦旦，说是不走，再写一本海湾战争的书的代办先生，原来已经乘坐外委会主席的班机，溜之乎也！

我算是长了见识，这里的故事太多了，无奇不有，真是，在“一千零一夜”的故乡巴格达，故事真的很多呀！怪不得他上了汽车疾驰而去，开往机场去了吧。

刚才说的故事还不算最精彩。刚到巴格达，被一位亚洲大使忽悠一次，这次是第二次。事不过三，没过多久，再次被忽悠。

那天我去送最后一批劳务人员，到了机场候机室，遇上在古巴大使晚宴上结识的两位拉美国家大使。我们招手致意，没有说话。二位穿着整齐，每个人手提一个公文箱，我估计，新大使为老大使离开送行吧。新大使还等着递交国书呢，他可能是最后一位抵达巴格达的新大使了。将在战火中完成使命，令人可敬。

候机大厅传来旅客登机的呼叫，我有机场出入证，可以到飞机前送行。这时，我突然看见，两位大使一先一后都上了舷梯，登上飞机。我站在不远处，看见两位大使在机舱口向我挥手告别。我恍然大悟，两位大使同时撤了。后来的“勇敢者”也溜之大吉，我可真够实诚的，怎么总是跟不上形势呢？

日内瓦会谈无果而终

举世瞩目的日内瓦会谈于1991年1月9日在日内瓦召开。这是应萨达姆的要求，伊美对话，双方在会谈地点、时间、谈判级别上扯来扯去，谁都不做让步，但最终同意在日内瓦见面。美国一直拒绝同伊拉克对话，只要求撤军，招来萨达姆不满，坚持要求对话。布什同意了，离1月15日安理会决议的最后期限只剩下一周。尽管局势越来越吃紧，人们对美伊会谈仍抱有期待，希望化解危机。

美方国务卿贝克率团，伊方阿齐兹为谈判代表。据报道，谈判历时六个小时，双方唇枪舌剑，互不相让，伊拉克坚持不撤。我们从电视上看到谈判画面，双方面对面坐在长桌两边，各个面容严肃，毫无表情，没有寒暄，没见握手，气氛僵硬。美方发言带有命令式，以最后通牒方式要求伊拉克无条件撤军，首先答应撤军，其余再商量。贝克说，如果伊拉克不撤军，那就让你们回到石器时代。

贝克拿出一封布什给萨达姆的信函交给阿齐兹，阿齐兹不接，贝克把信函扔在桌子上，谈判无果而终。据伊拉克方面后来的说法，美国务卿没有资格交给萨达姆信函，要交必须是布什本人。

消息传到巴格达，和平解决无望，美伊对话大门紧紧关死，战神在伊拉克上空游荡。巴格达媒体大肆宣传美国是霸权主义，世界头号敌人，美国谈判无非走过场，毫无诚意，伊拉克不接受欺压，伊拉克军民同仇敌忾……

伊拉克各阶层都意识到，过了1月15日，战争一触即发。15日之前，美国不会动手，之后也不会拖。

仔细回顾前一年的形势发展，一步一步，走到今天，绝非偶然。早在1990年7月中旬，美国军事卫星就拍摄到，伊拉克东南部和科威特北部边界的沙漠地区出现了伊拉克坦克部队，数以万计的精锐部队陈兵伊科边界几十公里处。美国白宫和五角大楼，从军事角度密切关注每一个形势演变，及时做出估计和判断，研究对策。

不久，8月2日，伊拉克果然出兵侵占科威特。美军事上已做准备，调兵遣将，游弋在印度洋的美国“独立号”航母等六艘战舰迅速开往海湾，同时，大规模出兵海湾的“沙漠盾牌”行动计划随之出笼。英法等北约国家决定派军舰前往海湾，与美国配合，同时美国向沙特等海湾地区国家大举运兵，重型B-52运输机远渡重洋，直飞海湾。

8月10日，阿拉伯首脑在开罗开会，埃及等12国同意派出部队保护沙特。此后，20多个国家的部队陆续开进沙特、土耳其、巴林、阿联酋、阿曼、卡塔尔等国。到了10月中旬，美国“沙漠盾牌”行动计划基本落实完毕，驻扎海湾地区的三军总兵力增至21万之众。

与此同时，伊拉克宣称，在伊拉克、沙特边境和科威特境内部署43万大军。

截至1991年1月15日，以美国为首的多国部队派驻海湾兵力62万人（美53万），坦克3500辆，作战飞机2800架，部署在阿拉伯湾、红海、地中海、阿拉伯海等水域的军舰170多艘，包括6艘航母。

伊拉克在科威特战区和伊拉克南部部署兵力55万，坦克4000辆，步兵战车2800辆，火炮3100门，直升机125架。同时，伊军沿科沙边境和科威特海岸线数公里宽的区域内交替埋设地雷，设置沙墙和铁丝网。其后有三道深约3米的反坦克壕沟，沟内放置大量凝固汽油。前沿防线后面广大地区内，伊拉克的步兵和火炮隐藏在地下掩体或地面工程内。战斗机也掩藏在掩体内。

巴格达的防务每天有新的情况，这几天，突出表现在市民在准备应变，各处加油站前排大队等候加油，还有提着油桶买油，抢购饮用水、面粉、生活必需品。战争前夕的惊恐、不安、笼罩全城，公路上，驾车带着全家老小的络绎不绝，也有出城逃难的。各大报纸、电台、电视台，每天加大对萨达姆的歌功颂德，号召在萨达姆英明领导下誓死捍卫国土。

联合国秘书长来见萨达姆

1991年1月12日，国内通知我关馆，尽速通知伊拉克政府，联合国秘书长德奎利亚尔将飞赴巴格达会见萨达姆，为缓和海湾局势做最后一次努力。当时在巴格达的安理会五个常任理事国只有中国和苏联使馆人员在，美英法和联合国机构都已撤离。秘书长请中国通知伊拉克方面，是对中国的信任。这个任务非常重要，时间紧迫，必须抢时间同伊拉克外交部联系上，绝对不能由于我们工作不得力而耽误了秘书长的巴格达之行。这是国际组织最高官员访问伊拉克，不得耽搁。

我让李志国二秘去伊拉克外交部，告中国大使要见阿齐兹，但约见内容不予透露。就说“十万火急，有要事相告”。对方意识到事关重大，没有拖延，让李志国转告中国大使，下午即见阿齐兹。我牢记国内通知的关键词句，必须“原汁原味”，不能说错、忘词。下午，我按时抵达伊拉克外交部，进入阿齐兹办公室。

阿齐兹以礼相待，让我就坐。事不宜迟，我开门见山，把国内通知一口气说完，阿齐兹故作镇静，做出有准备的样子，很快同意德奎利亚尔次日（1月13日）来巴格达。但德奎利亚尔能否见到萨达姆，他不做表示，闭口不谈。我赶紧告辞，回馆后即告伊方表态。

后来，我在北京见到中国常驻联合国代表李道豫大使，他对我说，他也是焦急等待伊方答复，担心伊方拒绝秘书长访问巴格达，失去最后一次和平努力机会。世界各大通讯社很快报道德奎利亚尔13日访问巴格达的消息，说明此行在当时的重要性。

新华社通知驻巴格达分社和唐师曾，迅速报回德奎利亚尔在伊拉克的活动情况，传回新闻照片。对派驻巴格达的记者说来，这是千载难逢的机遇，全世界关注的重要新闻从这里发出，那是“号外”式的头号新闻呀。朱少华和唐师曾一大早去了伊拉克新闻部，各国记者都到齐了。新闻部迟迟不告诉记者能否前往机场，能否采访德奎利亚尔。老朱和小唐从早到晚东奔西跑，最后到了晚上前往机场时，已精疲力尽。

德奎利亚尔的专机抵达巴格达已是夜晚，专机下降时，几百名记者蜂拥围上。机场候机室警戒森严，不让记者靠近。突然，德奎利亚尔走出候机室，通道两旁放置了栏杆，隔开行人，栏杆旁卫兵手持机枪把守在那里。就在那一霎那间，小唐鱼跃一步，跨过栏杆，跑到秘书长前面不远处，啪啪啪按动快门，抓拍到了照片。说实话，小唐这个动作够愣的，带有风险，伊拉克保镖和卫兵可不是吃素的，他们非常机警，万一扣动了扳机怎么办？谁敢跨越栏杆，跑到德奎利亚尔的前面去抢拍照片？当时，小唐不顾危险，机智地拍到了照片，任务完成得很出色。他的照片，是国际上唯一一张德奎利亚尔访问伊拉克的历史性镜头，非常难得。西方记者纷纷找到小唐，称赞他，请求分享照片。

次日，萨达姆会见了德奎利亚尔，明确表示不会撤军。德奎利亚尔空手而归，但作为国际机构的最高代表做出最后努力，还是值得的。

使馆“五人留守小组”成立

美伊谈判破裂，时局紧张，难有逆转，使馆领导频繁商量对策。我反复考虑，是否再次精简队伍，撤走一批馆员和家属。

1月9日晚，大家都已经就寝，电话铃响了，是闻兆祥参赞的电话。闻参赞一年多以来一直任使馆代办，对工作恪尽职守，可贵的是，对萨达姆政权积累了丰富的感性认识。他说，局势出现危险征兆，今天晚间电视新闻上，萨达姆神情亢奋，看来他准备玩火，请大使考虑一下是否再撤走一批同志和家属。我们想到一块了。

闻参赞的建议得到使馆领导班子一致同意，经请示国内，立即下达再撤一批的命令，各处室能离开的全部离开，包括家属。全馆只留下五人，立刻成立“留守小组”。

撤人的关键是机票，办公室的同志平时和伊航关系不错，这时候起了

先期撤离的使馆人员登机回国

大作用，伊航尽量满足使馆的要求。

1月10日清晨，请中国驻约旦使馆代订归国机票，落实从巴格达到安曼的机票。王荣胜想方设法拿到全部机票。但来自约旦的消息说，回国机票非常难订，飞约旦航线各大航空公司都报满员。使馆决定，撤走人员到了安曼再说，如无直飞，转机也行。

1月11日晨，撤走人员由闻兆祥参赞带队，曹彭龄武官、商务蔡参赞、李中参赞（我夫人）等一共14人，启程奔赴机场。留守小组五人的行李，除必需品，也托他们带走。

从机场回到使馆，偌大的馆舍，一下子人去楼空，往日紧张而有活力的工作和生活气息骤然消失。花草树木好像失去了好朋友，显得无精打采。池塘中锦鲤四处觅食，也没人搭理他们了。此时此刻，我们五人的心情有些沉重，甚至觉得空荡荡的。我对自己说，就剩我们五个同志了，一定要坚强，坚决完成祖国交付的任务，一定要保障四位同志的安全。有祖国做后盾，有国内亲人和我们在一起，没有克服不了的困难。

国内指示，同意成立留守小组，同时授权，视情可随时撤出。

五人组成的留守小组包括：大使、二秘李志国、机要员李卫华、报务员陈林，司机王金弟。五人均为中共党员。当时使馆有两名司机，我找给我开车的老王谈话，征求他留下来的意见。我是希望他能留下，但老王已临近任期结束，按常理应该安排轮换回国。没等我开口，老王主动说，“大使您不要说了，情况都清楚，有什么任务交代就是了。我是党员，服从工作需要。没什么可说的。”老王的话干脆、痛快，掷地有声，我听了十分感动。王金弟不愧是部队培养的老战士，艰险时刻，表现出了共产党员的奉献精神。

我说，那我们一起干吧，咱们就五个人，不光要开车，今后有事不分你我，大家干，不是“人等车”啦，是“事等人”。老王没再吭声，笑着走出办公室。老王本来就不爱讲话，还有点犟脾气，平时对人对事不大爱表态，但对是非心中有数。他是五人小组中唯一由使馆指派的，其他四人由部里指定。

使馆编制在西亚北非地区处于前三位，国家定编54人，编制外10人。我来馆时使馆有24人（其中党员18人），这支队伍自从伊拉克侵占科威特，出色地完成了协助“万人大撤退”等任务。

五人留守小组开始紧急应变，作应战准备了。几位同志一致表示责任重大，坚决完成任务。首先，在最短时间内把准备物资的工作做完，除灭火器和药品尚待补足，其他基本到位。此外，集中力量清理文件和资料。调研工作，五个人一起做。原来使馆购置了一台“全天候”短波半导体收音机，使馆人员全天收听广播，这几乎成了我们了解外界情况的唯一渠道。出门执行任务，关注大街小巷，看看有没有异常动静，及时捕捉新动态。开“调研会”时间就是吃饭的时候，凑情况，分析新情况，效率很高。

约旦开往巴格达的航班停飞了，伊拉克航班是唯一通往安曼的空中出境通道。形势险恶，万一这条通道被关闭，或航行有危险，我们必须有另外出境方案。经过仔细研究，可以有三条线选择。一是走巴格达通往约旦安曼的公路，这是条顶级高速公路，从巴格达到伊拉克约旦边境600多公里，从边境到安曼300多公里，总计约1000公里的样子。伊拉克境内这一段公路笔直平坦，六行车道，双行线，上下道，中间有隔离带，设有瓦楞钢板路栏。据说，当年修建公路的设计，按照军事标准，可担负重型武器装备运输，必要时拆掉护栏板，供战斗机起降。从通行角度看，这条路最为理想，但它是战略公路，美国联军必然把它列为重要打击目标，听说伊方已在公路两侧布防地对空导弹。再有，公路两旁空无人烟，两边是广阔干涸地，治安情况难以预料。综合种种因素，这条路虽方便，但危险大，不宜选择。

第二条路是从北方出境，进入土耳其。伊拉克北方离战区遥远，公路质量尚可，沿途路经大城市，不会出现“真空地带”，还可以打听到信息，即便前方受阻，还可另谋出路。但是，伊拉克北方是库尔德地区，车经过基尔库克、摩苏尔、达胡克等城市，然后进入土耳其。库尔德族同当局民族矛盾很深，冲突由来已久，是伊拉克不稳定地区，武装冲突不断。伊拉克入侵科威特后，萨达姆政权尤其担心北方出事，外松内紧，严加防范。走这条路，万一局面不能控制，中途被劫怎么办？看来，这条路也不安全。

还有第三个选择，往东走，东边到拜德拉城只有200公里，然后可以到达两伊边境。公路质量差，但可以跑汽车，是出境的最短路线。据告，从边界进入伊朗境内，需要开车先到拉赫兰，从那里乘班机前往德黑兰。东边全是山路，时值冬季，可能大雪封山，万一停滞途中，距离德黑兰还很远，恐出意外。更重要的是，两伊战后，关系并不正常，边界一贯是敏感地区，开战后会不会封锁边界？这条路也不理想，不够安全。

在对外活动中，谈起由陆路出境，不少人考虑走安曼线或土耳其线，没人考虑走伊朗。我们五人反复琢磨，还是走安曼线，虽有风险，但危险系数集中，跑过多次，路段熟悉，万不得已，夜闯伊约边境，车上挂有国旗，明示外交使团车辆，争取风险“豁免”。

1月11日上午，王金弟开车从外返回，跑来告诉我：“美国使馆的国旗杆子上见不到国旗了。”这是重要信号，是东南亚国家大使给我出的主意：一旦美国使馆降旗，那就是美国要有动作了。我们立刻开会，认为，从伊拉克近几天的情况看，萨达姆一边玩弄“民意”牌，召开国民大会，说由与会代表投票决定伊拉克是否撤出科威特。大会声明，全国人员支持萨达姆总统的号令。萨达姆一意孤行，看来不会回头了。此时，时间就是命令，抢时间完成任务。

二秘李志国是留下的唯一外交官，馆内外工作都抓。听广播，阅报纸，除陪我一起参加对外活动、搞调研外，每天一个人开车上街观察动静。他有一副结实的身板，讲阿拉伯语，通英语，开车技术很高，看问题思路清晰，切中要害。他平时结交了许多朋友，同政府官员也能随时取得联系，信息来源广，不时带回鲜活的情况。靠他解决难题，我很放心，确实是一把好手，出色的年轻外交官。说实话，他外出是冒着很大危险的，我最担心是外出遇到麻烦。那时候哪儿有什么手机，往往他出门后，我心就悬起来，直到看见他开车进入使馆，我才放下心来。

另外一个任务，就是我们撤离之后，必须有当地人看守使馆。这任务又交给了李志国。记得那天，他冒着瓢泼大雨在外面跑了一整天，终于找到一位熟悉的伊拉克朋友。大约晚上8点，大雨仍下个不停，他带着那位朋友回来了。我大大松了一口气，只见他衣服浇透了，脸上也全是雨水。在楼前台阶上，他见到我大喊一声，找到了，找到了！这位朋友很帮忙，他是中国公司的老朋友，同意照看使馆。一整天大家为李志国捏把汗，街上很乱，找人更难，千万别出事。李志国真是一把好手，关键时刻解决难题。

驻伊拉克使馆是个老馆，日积月累，有大批文件、资料必须短期内处理完。这个任务交给了机要员李卫华。我们五个人当中，他最年轻，有使不完的劲。在非常时期，他的本职工作已经要比平时繁重。小伙子身体好，精力足，加班加点，超负荷地完成任务。时间在一分一秒地过去，时间就是命令。每次见到小李，他都在处理资料。当时巴格达还有些寒气，小李穿着裤衩背心在楼外烧资料，满头大汗，灰头土脸。烧纸炉长期高温，炉体发生了爆裂，人长时间待在炉旁，前胸热，后背凉。白天干完了，晚上还要靠他和国内联系。忙得他有时候犯糊涂了，饭也吃不下。记得有一次，我们计算巴格达同北京的时差，“现在是北京几点了？”这在平时根本不是问题，可现在各人说法都不一样。没办法了，说，还是由小李定吧，他年纪最小嘛。按照小李说的去办了，最后发现钟点还是搞错了。

此时，巴格达同外界的联系变得极不正常，电台通信也增加了难度。使馆同国内的联系，同兄弟馆的联系，就靠报务员陈林了。小陈中等个头，微胖，膀大腰圆，性格十分开朗，爱开玩笑。我来馆时，看到他头发长长的，浓密的络腮胡子，挺有个性的年轻人。这时候，保护电台，保证通信畅通，成了头等大事，要绝对保证同外界的联系不能中断。陈林业务娴熟，脑子机灵，能出点子。

当时我们还面临一个课题，如果战争打响，国际航空全部中断，留守小组只能从陆路自己开车出境。如何解决撤离路上同国内保持联系的问题？我们是外行，插不上手。陈林默默思考，费尽心思，终于“发明”出一套新的同国内随时联系的办法，当然，这是“非正常”手段，能发出简单信号就行。只要国内收听到我们的信号，就知道这几个人还存在，如果信号中断，那就另当别论了。

司机王金弟的工作最杂了，凡属“坚壁清野”的活儿，他都有份。使馆客厅内有不少贵重物品，古瓷、精雕工艺品、名人字画，等等。我们担心走后使馆贵重物品被盗，需要把东西尽量装箱，放在地下室仓库内，加锁，加封。这活儿交给老王。所有的办公楼都要锁门，光锁还不行，如果有人进去过，外面看不出来。封门，贴上盖有馆印的封条，是个好办法。使馆有四栋楼，每个楼有两层，多少房间呀，一律贴上封条。这活儿够干的。王金弟打浆胡，裁纸，盖印章，上午干下午干，实在太累了，跪在地上干。最后，顾不上看是什么房间，索性见房门就贴，把厕所门也给封了。大家去厕所，发现了问题，哈哈大笑，对老王说，你不让我们“方便”啦！老王想得很细致，留出最后撤离用的纸张浆糊，说是一个空白都不留。

老王另一个任务是挑出五辆汽车，备陆路出境时用。挑出性能最好的五辆车，带上车胎和主要零配件，一旦上路，五个人各开一辆，坏了一辆，没时间或没条件修理，就抛弃一辆。对五辆车，老王做了全面检查。

1月12日上午，一位乘坐出租车来使馆的路透社记者按大门门铃，没人开门。后来用力敲门，大铁门被他敲得当当响，声音惊动了我们。我们从楼上窗户看，是外国人，不像当地人。这位记者在大门口大声喊道，我是路透社记者。当时来访的记者很多，问题多半是：近期美国会不会对伊拉克开战？这个问题很敏感，你谈了看法他立刻发到全世界，独家新闻，说是中国官方权威态度。对付记者纠缠不休的最好办法就是不接待。我想，让他敲吧，没人搭理他，过一会儿也就走了。谁知此人不达目的誓不罢休，边喊边当当当敲门。不理也不是办法。最后我决定让陈林出去应付一下。当时小陈正好值班做饭，身上系着围裙，挽着袖子，右手拿着炒勺，头发长长的，络腮胡子，十足一副“大厨”的样子。小陈这个打扮走向大门，那位记者看有人来了十分高兴。小陈没有开门，隔着门栏杆对他摇摆着炒勺，指着耳朵，做出听不懂的样子，同时指着使馆大楼摇摇手，意思是里头没人了。那位记者不甘心，说了一大堆话，小陈摇摇脑袋，装作听不懂。谁知那人忽然做出要上厕所的样子，一定要进使馆“方便”，小陈无可奈何，开门带他进了办公楼。记者“方便完”后，小陈领他出了大门。我们站在窗帘后面，看到陈林这出精彩的演出。没想到，他表演得真不错，把记者打发走了。

陈林进了楼，我们纷纷上前握手，欢迎他“得胜归来”，大家祝贺他，称赞他有两下子。

应该说，我们的伙食储备是够丰富的，中资公司撤走时，好多剩余食品留给使馆了，有肉、海鲜、罐头、干货等，加上使馆的战略物资，够吃上半年的。我们五个人，年纪大些的还能炒几个菜，年轻的也就会炒个鸡蛋、土豆丝什么的。会炖肉、烧鱼的不多，海鲜烧起来麻烦，就算了。这么多美味食品，不吃会浪费掉，暴殄天物呀。我们决定不排班了，谁有时间谁进厨房，新华社老朱加入了炊事班。应该说，谁进厨房都想露一手，所以我们的饭菜还是够丰盛的，每餐两三个菜。大家坐在一起，边吃边聊，四面八方的消息聚拢来，吃着饭还开点玩笑，嘻嘻哈哈，忘记了疲劳和危险。可是，我们五个人的胃口变得很小，紧张劳累，睡眠不足，都说吃不下饭。煮点儿米饭，半锅也要剩。一起就餐，成了我们这个小集体难得的聚会，其乐融融。

终究是高度紧张，胃口越来越小，吃饭成了任务，我担心营养跟不上，坚持不下去，到点就让大家来吃饭。渐渐地，定的钟点不管用了，索性谁饿谁去厨房吃几口，“战略物资”中即食食品不少，有时候稍微垫点。大家的情绪始终高涨，不谈困难，不谈危险，不谈家里的事。集体的力量是伟大的，看到这个充满朝气和勇气的小集体，我由衷地高兴，我们的外交队伍遇惊不乱，敢于担当，充满战斗力。他们的思想境界很

留守小组在做饭

高。直到今天，在巴格达五人小组“非正常生活”的日子给我留下永世难忘的记忆。

后来得知，留守小组中有同志给家人写了“遗嘱”。面临危险，毫无畏惧，准备为国捐躯，这种大无畏的精神令人感动、敬佩。

紧急撤离巴格达

到了1月13日，巴格达电视频繁播放萨达姆检阅队伍，萨达姆站在阳台上向天鸣枪的纪录片，播放军歌和进行曲。街道上显得冷清，我们尽一切可能捕捉消息，但收音机受到干扰，听不清楚。13日上午，我们得知，除西方国家外，亚非拉的使馆基本撤离，联合国机构外籍雇员全部离开。13日夜，夫人李中从安曼打来长途电话，声音还算清楚，她把新消息简要地通报过来，强调海湾地区和约旦周边国家的航空公司一律停飞了，形势很严重，恐怕要有大的动静。驻约旦使馆也在撤员。已到约旦的闻参赞、曹武官等都认为该考虑及时撤出。他们从约旦飞回北京的机票还未落实，约旦已经没有飞往北京的正常航班了。

事不宜迟，我们赶紧开会，决定当日撤离。国内已经授权随时可撤，但撤前必须向国内再次请示。为了把握准确时间，根据李卫华的意见，计算巴格达和北京的时差（后北京五个小时），立即请示。我们估计，在得到国内答复后，我们最多有六个小时奔赴机场，乘14日伊拉克航班前往安曼。这时，我还准备万一形势又有新的变化，可能要等一等。因为萨达姆惯用“边缘政策”，或许最后时刻（15日夜24点之前）他搞点什么了。当然，他宣告突然撤军的可能性微乎其微。五人迅速投入离馆前最后工作，降旗，闭馆，处理机密，转移电台，带走两个馆章（驻伊拉克馆的和驻科威特使馆的馆章），使馆核心账目，等等。还看看使馆具有历史价值的字画和工艺品（郭沫若20世纪60年代的亲笔书法，赠给使馆的毛泽东《长征》诗词中堂等），还有一副郭沫若夫人于立群的大幅《松鹤图》，是否已然放置在

海湾战争前夕，撤离使馆前留守小组开会

保险的地方。

这时，可能太累了，站在我后面的小李对我说，你怎么老晃来晃去。我想，不好，我的老毛病“美尼尔氏症”犯了。突然间天昏地转，我赶紧找沙发躺下。还好，过了一会儿，眼前不晃了，我可以起立走动。人靠一口气，这口气，不可泄。我很幸运，周围有这么多好同志，危难中互相扶持、照顾。

1月14日凌晨，小李通知我，国内同意撤离，嘱咐做好安全撤离工作，到达安曼后转赴驻开罗使馆待命。这时离伊拉克航班起飞有六个小时，我们转移电台，封锁主楼，带着随身行李坐进一辆考斯特面包车，看守使馆的朋友开车送我们去机场。此前，小李告知国内留守小组当日撤出，飞往安曼。这时我想，还要通知伊拉克外交部吗？根据之前撤离使团的做法，不但不通知，还不露声色。不声不响的好处，可以避免节外生枝，横生意外。当然，伊拉克情报部门会通过专门渠道掌握使团动向，但不告诉当局问题不大。临行前，我们告诉帮忙看馆的朋友，有人问起，就说我们走了。

一路上，谁都不说话，面朝外看着即将告别的巴格达，心中一片怅惘。我们走后，会发生什么呀？这时，突然发现王金弟的行李没有装上车，我们掉头回馆去取。

朱少华和唐师曾已经先期到达机场。之前，小唐一个劲跟我磨，让他留下做战地记者。他说自己年轻，接受战火的考验，对记者，这是千载难逢的机遇。我虽然佩服他的敬业精神，也曾为他的去留犹豫，但冷静下来想，他不能留，“外交授权有限”，我没有权力做出让他一个人留下的决定。国内已有指示，唐师曾随我行动，小唐服从了。到了机场，他一个劲东张西望，寻找机会，想把机场现景拍下。但周围武警便衣目光盯住我们，他没动。

机场候机大厅挤满了人。我们五人紧紧靠着坐在一起，李卫国带着文件箱，陈林和王金弟一左一右“保镖”。正在办理出境手续时，突然边防说，唐师曾手续不全，不能登机。我抓住他的手，径直向前走去，边防没再阻拦。两个北大人一道飞离战区，也算是“缘分”了。

我们乘的是美制波音737客机，空姐们微笑着，大方地迎接乘客。我看她们一丝不苟的工作，临战前的紧张没有影响她们的情绪。国际航班的运行、服务，是一个国家和民族的精神窗口。她们细心照顾旅客的需求，我们感到肃然起敬。伊拉克民族是优秀的民族，人民有文化，骨气很硬，但萨达姆的野心把这个古老的国家糟蹋了，还毁掉民族和无辜的青年一代。

就这样，我结束了在巴格达的37个日日夜夜。我匆匆地来，又匆匆地离去。飞机向西飞去，进入云层。我坐在机舱里，耳听飞行器嗡嗡作响的声音，脑海中浮现37天的每一幕场景。37天的经历，犹如一本“短平快”的教科书，在外交案例中可以算作特例吧，这段经历，值得回忆和总结。

撤离使馆前，向伊拉克雇员（左）交办事项

取道塞浦路斯奔赴埃及

抵达安曼机场，是上午11点钟，飞机平稳降落在跑道上。驻约旦大使张德良来机场接我们。没想到，11日离开巴格达的同志们还没有离开安曼，我们在安曼又会合了。张大使握住我们的手连连说，辛苦了，辛苦了。他告诉我，国际航班都不飞安曼了，滞留在这里的同志们可能要先到第三国转机。到了使馆，赶紧通知国内，伊拉克留守小组安抵约旦。那时，驻约使馆也成立了留守小组，张德良大使、使馆二秘叶水林和另外两位同志留守，其余一律撤离。

当天下午3时，我们五人、新华社记者，驻伊使馆先期到达的同志以及中资公司劳务人员，乘包机于下午5时许飞往塞浦路斯。

塞浦路斯地处地中海东部，土耳其南的岛国。从天上看，塞岛酷似一架直升机落在地中海内。这里历来是英国在海外的重要军事驻地。海湾危机后，美英在岛上，尤其是在空军基地加强军事设施和战略物资储备。

塞岛还是地区重要情报基地、国际信息中心，交通运输、对外通道四通八达，是海湾战区外围极为重要的后勤供应地。这时，塞岛已处临

五人留守小组在塞浦路斯首都尼科西亚

战状态。

约旦与塞浦路斯隔海相望，距离不远，过了一个小时，飞机在拉纳卡降落，林霭丽大使和她丈夫在机场迎接我们一行。我同林大使在亚非司共事30多年，她是我的老领导。他乡遇故知，格外亲切。我们留守小组五人前往首都尼科西亚，其他在拉纳卡停留待转机回国。

我第一次来塞岛，这个国家是旅游胜地，虽然靠近西亚，但属于欧洲，城市欧洲风情浓厚。希腊人和土耳其人是岛上主要居民，两大民族生活各有特色。在车上，林大使问起我们在巴格达的最后时光，我居然说着说着睡着了。可能是这些天睡眠太少的缘故，到了安全地方，人放松下来，困得眼皮发重，打起呼噜来，真是太没礼貌了。忽然听到林大使的声音：到使馆了，我才醒过来。使馆同志问，你们身体有没有不适，要不要看医生？我突然说，“我们饿了！”

多少天没有饿的感觉，怎么到了塞浦路斯，饿了！晚餐备好，一位南方厨师做了可口的饭菜，我们美餐一顿，还吃了油酥小点心。用过饭后，我又犯起困，“饭饱食困”吧，脑袋有点缺氧，血液都奔了胃里，人又昏沉起来。林大使也没笑，只是说，快休息去吧。我立即“地动山摇”地打起呼噜，酣睡一宿。

1月15日，我们全天休息，抽时间看看街景。在前总统马卡里奥斯大主教的纪念雕像前、自由女神像前合影留念，算是“到此一游”了。当夜两点钟，回国人员乘德国航空公司航班飞往柏林，再转机回国。我去机场和馆内同志告别，等待赴埃及的机票。

1月16日，林大使告知，留守小组将乘17日中午12点的飞机去开罗。行程已定，我们心里踏实下来。我们和驻塞使馆领导、调研室同志交流对形势的看法。林大使说，这里是美国和联军对伊拉克战争的重要支撑点，军事基地活动频繁，岛上防务较前加强。大家一致的看法是，战争迫在眉睫。晚饭时边吃边看CNN新闻，林大使警觉地说，今天晚上节目有点特殊，报道内容紧张气氛浓厚，看来有情况呀。大家心照不宣，琢磨今晚恐怕不平静。

我刚躺下，李志国敲门，大声说，美国开战了！

开战了！果不出所料，当地时间1月17日凌晨2点40分，美国等多国部队开始代号“沙漠风暴”的军事行动，向伊拉克发动进攻。我们14日离开巴格达，仅仅过了两天，夜间战争打响了！

我们原定17日上午飞往开罗，但夜间开战，塞岛军事基地参与了军事行动，同时采取军事上各种戒备措施，塞岛领空不属于正常范围。林大使告最新消息，有10名巴勒斯坦武装人员潜入尼科西亚，当地军警特连夜搜捕，进入800户民宅，担心他们搞爆炸破坏活动。机场是防卫重点。我们考虑到此时飞往开罗不大安全，即同航空公司联系，对方告航班没有取消，但是否按时起飞说不定。

留守小组决定就行程再次请示国内，国内同意观察形势再赴开罗。这一变化意味着给驻塞使馆增加负担，同时涉及驻开罗使馆安排。问到两位记者的意见，他们认为问题不大，一个多钟头的航行不一定出事。我考虑，中国外交官不是袭击对象，除非飞机出事。同李志国再商量后，我们决定按原航班启程，道别驻塞使馆。林大使夫妇送我们去机场。

我们到了候机室，看到机场大楼加强了警卫，身穿迷彩服的大兵手持冲锋枪，站在大厅要道口。巡回保安来回走动，眼睛扫来扫去，寻找异常。大厅内乘客不多，去开罗的坐在间隔地区，许多阿拉伯人，有抱着婴儿的妇女，出厅登机。我们是外交官，士兵没有跟着，其他乘客都有士兵跟随，冲锋枪枪口朝下，简直像押解犯人。飞机是小型喷气机，乘客鱼贯而入，没人说话，个个表情紧张严肃。空姐注意到乘客中的几个大胡子，有阿拉伯人、伊朗人。我们心中有数，提高警惕就是。飞机越过地中海向东飞去，窗外大漠中的尼罗河，地跨两岸的一座棕灰色大城市，展现在眼前。

开罗到了！飞机在国际机场降落，詹世亮大使迎面走来，步履很快，紧紧握住我的手说，欢迎，欢迎，你们辛苦了。接着同其他同志一一握手致意。詹大使说，看得出来，你们很辛苦，疲惫了，到家了，好好休息放松吧。

詹世亮大使是老上级，1956年中埃建交，他就在驻开罗使馆工作。开罗使馆是中国同中东地区建馆最早的使馆，承担观察形势、调研的重要任务。海湾危机以来，这里信息活跃、集中，詹大使是中东问题专家，这些日子忙得不可开交。他完全理解从处在第一线归来的同志们的心情，我们被他的热情感动了，一股热流涌来，真是有“回家”的感觉。

汽车穿过开罗繁华的商业区，过了大桥，进入扎马利科岛，使馆到了。大使馆和大使官邸还是中国首任大使陈家康选定购置的，都是老建筑，官邸环境优美，据说是过去意大利一位公爵的住地，很有亚平宁半岛的建筑风格。陈大使慧眼识物，这个地段又是开罗的黄金地段，交通非常方便。我们住进使馆公寓楼内，稍事休息，不约而同地到使馆院子里溜达。经过四天不停的奔波，飞机三起三落，我们终于在开罗暂时安定下来。

换了环境，人们精神放松下来，但一想到伊拉克已经和美国交手，形势如何发展，还要观察。我们今后的任务也不轻，观察战争发展，不能错过每个情况。这里没有危险，可以放心地集中精力工作。我们正在院子里走着，突然发现陈林变了模样，好像换了一个人。原来，他的大胡子在塞浦路斯时刮了，小伙子一下子显得年轻很多。我们问他怎么回事，他的回答很有趣，说原来打算只要不离开巴格达，就咱们几个人，就不刮胡子了，反正没人看，现在到了开罗，我得显得精神点儿。大家哈哈大笑，放松下来了。同时在开罗使馆的，还有从以色列撤出的唐振琪参赞和一批在以色列的留学生。他们和我们一样也在待命，视情况返回或回国。

就这样，在开罗，我们又度过了海湾战争的40多个日日夜夜。

四、42天的海湾战争

客居开罗隔海观火

从巴格达撤出，客居开罗使馆，似乎远离了战争的旋涡。我们的主要活动就是听广播、看报纸、看电视，跟踪战事，分析战情。除每日三餐、晚间就寝，可以说是每时每刻心系海湾战场。

好在开罗是中东新闻媒体的“集散地”，消息来源多，时效快。当地阿拉伯文《金字塔报》，经常刊登资深记者和评论家的文章。由埃及总统钦定的总编辑兼专栏作家穆罕默德·哈尼斯·海卡尔的文章，我是每篇必读。有时我想，如果留在巴格达，躲在地下室，对战争的了解，恐怕还不如在外边。俗话说，“灯下黑”嘛。

对战争前景，很难准确估算。大霸和小霸斗，一方手持“安理会决议”，集结国际联军；一方孤注一掷，命悬一战。虽然战场主要在1.7万多平方公里的弹丸之地——科威特，但战争一旦打响，范围就难说了，伊拉克本土必将被列在攻击范围之内。

仗，无论怎么打，无疑恶战一场。我们在开罗观战，战场在1000公里之外。这可不是看热闹，更不是看战争大片。这是不仅涉及巴格达的命运，也是海湾地区乃至今后牵动世界格局的大事。

严格来说，美国策划海湾战争已近半年，期间，对萨达姆施压不断，军事、外交双管齐下，而一旦付诸军事动作，必超过地缘政治的范围。不仅着眼于迫使萨达姆从科威特撤军，还要在主要对手苏联濒临瓦解而变得软弱，自顾不暇之机，在海湾打一场战争。这场战争从任何意义上讲，都与二战无法比拟，和二战后的朝鲜战争、越南战争，都不可同日而语。

这将是一场全新模式的战争，体现二战后半个世纪美国在军事科技上的巨大进步，战争特点将是现代化的，高科技的，信息技术领先的，全新的敌我较量。这还是一场双方力量对比相当悬殊的战争。如果说，美苏两霸50年代后争夺势力范围，美国一直在做准备和苏联打一场战争，那么，现在不打了。在伊拉克战场，美国要拿出打第三次世界大战的家伙。

“半个世界大战”，将在海湾上演。

至今难忘的是，詹世亮大使，使馆其他领导，还有调研室的同事，都给予我们很大帮助，没拿我们当外人。这样，我们在开罗度过了海湾战争的整个时期，直至战争结束。

“沙漠盾牌”部署完毕

美国在海湾做打一场战争的准备，并非始于“8·2事件”。据媒体报道，美军中央司令部长期以来一直有一项“保卫阿拉伯半岛”的计划。中央司令部司令施瓦茨科普夫在80年代末就预测：“越来越激烈的地区冲突将导致局部战争，对美国的安全和利益构成威胁，中央司令部应当考虑多种应急方案。”到了1990年春，美军中央司令部又根据新的地区战略和军事形势，审查了保卫沙特阿拉伯的计划，并向参谋长联席会议主席呈送了一份“基本计划纲要”，阐述了如何成功实施防御所需的兵力和战略。根

美舰指挥塔

据这一计划纲要，中央司令部的参谋部门制定了代号为“90-1002”，取名为《防御阿拉伯半岛》的作战计划。

伊拉克出兵占领科威特后，美国考虑到萨达姆不会止步于科威特，下个目标必要进攻沙特阿拉伯。布什总统宣布，美国将发动一项旨在防止伊拉克入侵沙特阿拉伯的防御行动，代号为“沙漠盾牌”，并签署命令。就在伊拉克8月2日占领科威特之后的第五天，也就是8月7日，第一批美军就开始进驻沙特。如果事先没有准备，何以能这样“神速”？

五角大楼制定的“沙漠盾牌”计划，包括两个阶段，主要内容是向海湾地区部署部队。第一阶段，用17周的时间（约3至4个月）在海湾地区部署24万人的部队和装备力量，最终达到足以和伊拉克军事力量抗衡的水平，主要任务是保卫沙特的防务安全。第二阶段，要视形势发展而定，关键是看萨达姆是否撤军。

8月26日，美国派出诺曼·施瓦茨科普夫将军亲临沙特，建立“联合指挥部”，沙特方面则组建起以哈立德将军（全名哈立德·本·苏尔坦亲王，也就是苏尔坦亲王——沙特国防大臣的儿子，毕业于英国桑德赫斯特军事学院、美国利文沃斯堡指挥与参谋学院和马克斯韦尔空军国防学院）为首的与联军司令部“平起平坐”的“平行司令部”。联军指挥部开设在沙特阿拉伯首都利雅得市国防部大楼，施瓦茨科普夫亲自坐镇指挥美等联军的部署，而哈立德除与美方共同商定战争计划外，负责联军的一切给养、联络等事宜。

随之，美国最大限度地出动了战略运输工具，动员后备和民航力量。报道称，美国成功解决了B-52轰炸机的空中加油问题，大批战机从美国本土直接飞往沙特。8月7日，美国国防部下达部署第一批作战部队的命令。同时，驻扎在迪戈加西亚岛的军舰驶向阿拉伯海，“艾森豪威尔”号航空母舰战斗群向东地中海移动，准备进入红海。在波斯湾，美国常驻中东联合特遣舰队的6艘海军舰只也处于戒备状态。当日，驻扎在迪戈加西亚岛和关岛的海上预警部署的第2、第3中队奉命启航；美军第82空降师的先头部队乘坐的飞机从本土北卡罗来纳州的布拉格堡基地起飞；第1战术空军联队的F-15战斗机也从弗吉尼亚州兰利空军基地起飞。

8月8日，第1战术空军联队的首批F-15C战斗机经过14小时不间断的飞行后抵达沙特阿拉伯。

到了11月初，第一阶段，即防御性快速部署阶段宣告结束，在这3个月中，以美国为首的多国部队共向海湾运送40多万部队，并建立起了完善的指挥体制，完成了防御部署。11月8日，美国宣布进一步增兵海湾。

到1991年1月中旬，“沙漠盾牌”行动的第二阶段，即进攻性快速部署阶段开始运行。通过两个月的增兵，多国部队人数达到76万。这时，美军做好了各种临战准备。

据哈立德撰写的回忆录《沙漠勇士》记载：在科威特陷落后，沙特敏锐地感到了来自伊拉克方面的威胁，同意美国部队进驻沙特。他在书中写道：“萨达姆认为，他控制了科威特，就可以控制整个地区”；“萨达姆威胁着我们的安全，我们的态度也变得强硬起来，最终不得不承认，仅仅靠

美装甲运兵车

制裁以及国际社会的祈求，不会使他恢复理智。萨达姆在8月28日把科威特划为伊拉克的第十九个省之后，又接着宣布对我们发动圣战，号召推翻沙特君主制，并以不取消制裁就摧毁科威特和沙特的油田相威胁。终于使我们把自己的战争目的同西方盟国的战争目的一致起来”。

美国向海湾及其附近地区部署的“应急部队”共有7个旅、3个航母战斗群、14个战术战斗机中队、4个战术空运C-130运输机中队、1个战略轰炸机中队和1个“爱国者”防空导弹系统，共有陆军1.5万人、海军陆战机1.5万人、支援部队2万人、航空母舰3艘、战列舰1艘、巡洋舰10艘、作战飞机约460架（含舰载机240架）。

一般认为，美国军事部署工作之“神速”取决于以下因素：第一，美军战备程度高，“90-1002”应急计划为美军快速部署打下了坚实基础；第二，有较充足的现役和预备役飞机、船只和人员可供使用；第三，有盟国的支持，以及沙特阿拉伯现代化的港口、机场与其他设施；第四，美国有供国际飞行使用的前方中途机场和起威慑作用的前沿部署部队；第五，伊拉克没有对沙特发动进攻，美国有充足时间进行部署；第六，联合国通过的各项决议也简化了使用国际运输力量的程序。

至此，多国部队已具备打退伊拉克无论从哪个方向对沙特阿拉伯进攻的能力，防御部署已基本完成。美军作为主体战斗群，在海湾地区的总兵力达到43万人，其中陆军26万人，海军5万，空军4万，海军陆战队8万人。主要武器装备有：坦克1200辆，装甲车2000辆，作战飞机1300架，直升机1500架，军舰100余艘。从军力部署看，足以应付伊拉克从科威特向沙特发动的袭击。

1991年1月15日，举世瞩目的海湾战争进入最后部署阶段，美国和伊拉克在日内瓦谈判破裂，和平解决海湾危机的道路已经堵死。美国已获取安理会决议的“授权”，何时开打，主动权掌握在以美国为首的多国部队手中。“沙漠盾牌”行动的目标，随之改变为进攻部署。

双方力量对比如此悬殊

战争时期，美国媒体报道十分及时、大量，各种文章、图片、电视新闻片，等等，无不着眼于突出美国庞大的军事实力。

美等联军方面的兵力、装备和部署大致如下：

“8·2事件”后，美国在国际上迅速筹建以美国为首的多国部队（也称“联军”），参加国一共37个（根据哈立德的资料），西方国家包括：美国、英国、法国、意大利、加拿大、荷兰、澳大利亚、新西兰、西班牙、比利时、希腊、德国、丹麦、挪威、瑞典（医疗队）；阿拉伯国家：沙特、科威特、阿联酋、阿曼、卡塔尔、巴林，中东的埃及、叙利亚，北非的摩洛哥，西非的塞内加尔、尼日尔、塞拉利昂；亚洲的巴基斯坦、孟加拉、阿富汗、菲律宾（医疗队）、韩国（医疗队）、新加坡（医疗队）、土耳其；东欧的波兰（医疗队）、捷克斯洛伐克、匈牙利（医疗队）、罗马尼亚（医疗队）；拉美的阿根廷。

这是二战以来国际上组建的一支规模最大的多国部队，其范围和人数远远超过朝鲜战争时期。

联军主力无疑是美国，美国派出部队约53万，其中陆军29.5万、海军陆战队9.4万、海军8.2万、空军5.6万。多国部队中，英国派出3.7万人，法国1.2万人，海湾合作委员会总兵力15万人，埃及3.6万、叙利亚1.9万。其他国家派出上万的很少，多为几百人。多国部队总人数约为69万。有的国家只派出医疗队支援。

武器装备方面，以美国为主：坦克2000多辆、作战飞机1400架、直升机1700架、F-117A隐形战斗机59架、B-52轰炸机40架、海军陆战队有100多架“鹞”式战机；战舰247艘，航空母舰9艘（美国的“萨拉托加”号、“肯尼迪”号、“中途岛”号、“罗斯福”号、“突击者”号、“美国”号。其他有法国的“克里孟梭”号、“福煦”号，英国的“皇家方舟”号）。英国派出200架

美联军轰炸机

战机和16艘军舰。法国派出14艘军舰和3个中队截击机、一个中队幻影战斗机。意大利派出10架战斗轰炸机、三艘护卫舰。加拿大两艘驱除舰，一艘补给舰和24架战斗机。海合会国家共有作战飞机330架，坦克800辆。埃及有480辆坦克，叙利亚270辆坦克。

美国投入了最新式的武器装备：如射程1200千米的舰载“战斧”式导弹；CBU-S型和“敲击”型远距离投掷的激光、电视制导炸弹；具有“三防”性能且装甲、火力、机动性都堪称一流的M-1A1主战坦克；“坦克克星”阿帕奇直升机和隐形轰炸机，等等。加上现代尖端技术手段，使多国部队占有武器、技术上的明显优势。多国部队甚至调集了战术核武器，在它们的舰船上和沙特阿拉伯境内的基地上有400多个核弹头。

美国在海湾战争期间部署33颗卫星在伊拉克上空（到2003年伊拉克战争时，美国部署90颗卫星在伊上空）。

战略部署方面：美国空军在沙特地面部署了259架战斗机，其中F-15战斗机132架，F-111战斗机32架，F-117战斗机38架，F-117隐形战斗机22架，F-4G14架，E-3预警指挥机5架，A-10地对地攻击机48架。在距离沙特和伊拉克边境沙特内侧第二道防线部署了防空部队，包括：第101空中突击师，第11防空旅，第82空降师，第101航空旅，第3军炮兵。在土耳其因塞利克空军基地，有F-111战斗机14架，F-16战斗机48架。在卡塔尔，F-16战斗机44架。在阿联酋，F-16战斗机24架。在阿曼，F-15战斗机24架，部署在阿拉伯湾迪戈加西亚岛的B-52型轰炸机26架。此外，吉布提部署了法国的7300名伞兵部队，配有一个中队的幻影战斗机。纵览伊拉克周边，联军部署形成了包围圈。

如此架势，明眼人知道，一场空中大战即将打响。

海军方面：波斯湾靠近科威特和沙特的水域，美国“威斯康辛”号战列舰队和中东特混舰队18艘舰只到位，两栖攻击舰编队13艘；阿曼附近水域，“中途号”航母编队10艘；地中海黎巴嫩附近水域，“肯尼迪”号航母编队18艘；红海水域，“萨拉托加”号航母编队8艘。

美国在伊拉克周围部署如此多的航母，大小舰只多达60艘，难道是要和伊拉克打一场水仗？当然不可能。伊拉克算得上是内陆国家，其所属海域不过924平方公里（为了扩大出海口，历来与科威特争夺出海口）。有了强大的舰只为后盾，不仅在兵员上随时补充，更重要的是可以进行空袭和空中支援。航母的作用在战争中具有威力。

从陆军看。在伊拉克沙特边境，部署在沙特内侧第一防线的部队，是以沙特、埃及、叙利亚为主的阿拉伯联合部队15万—20万人，他们的使命是打头阵，但埃及和叙利亚明确表示不去伊拉克本土作战。大批地面部队则摆在沙特战线前沿后方，尽量避免人员伤亡。

在阿拉伯防线后方，有美国陆战队第一远征队、第24机械步兵师、第一骑兵师、第二装甲师、第197机械步兵师、第3装甲骑兵团，还有英国的装甲旅。

再看看伊拉克方面的军力、装备和部署。

应该说，在阿拉伯世界，伊拉克是军事大国，其战斗力非同小可。人称萨达姆穷兵黩武，臆想充当现代萨拉丁（1138—1193，库尔德人，跟随家人定居提克里特，一生多次出征，反对基督教十字军东征，最后解放耶路撒冷，被誉为阿拉伯英雄），野心极度膨胀，把伊拉克变成他掌握的战争机器。

伊拉克与伊朗八年之久的战争，伊拉克方投入12个师、4个旅，坦克1900辆，战机340架，各种舰艇43艘，总兵力为21.2万，另有“人民军”7.5万人。萨达姆对伊朗发动“袭城战”（造成伊朗平民死亡4.5万人）、“导弹战”，地对地导弹（射程650公里），可以打到德黑兰，伊朗平民伤亡5000人。

两伊战争期间，伊拉克在法国帮助下，耗费巨资在全国建立起当时中东地区最现代化、水平最高的综合一体化战略防空体系。伊拉克空防指挥司令部位于巴格达，建有坚固的深层防空地下室，在地下设有法制大型“卡里”计算机及控制网络，可以控制分布于伊拉克各地的四个地区防空作战中心、16个截击引导中心和70余个防空指挥报告中心，并可有效整合引导伊拉克全国所有防空雷达系统、空军飞机、防空导弹和高炮阵地以及陆军的部分野战防空系统。

位于伊拉克各地的防空雷达体系几乎覆盖了伊拉克全空域，伊拉克多沙漠平原少山区，这一地理特点也使其雷达盲区很少，有利于防空作战。防空导弹阵地有序地分布全国各地，共有254个防空导弹阵地、1000多部发射架对准天空，包括苏制萨姆-2、-3、-6、-8、-9、-13，法制“罗兰特”，美制“霍克”等型号，基本覆盖了高—中—低、远—中—近所有空域，其中有一部分导弹较新，性能较强。

此外，伊拉克军队还拥有大约7000门高射炮和难以统计的高射机枪，并拥有6000多部苏制萨姆-7、-14、-16等肩扛便携式防空导弹发射装置。其战略防空体系之完善、防空火力之强大、防空火力部署密度之高、战斗经验之丰富，可以说在整个中东地区都是首屈一指的。

对于总面积只有44万平方公里的伊拉克和1.7万多平方公里的被占科威特来说，这样的防空火力及密度，放在世界范围也属前列。

伊拉克空军较弱。约拥有700架飞机，老旧型号多，维护保养水平也差，大约33架米格-29、28架米格-25、100架左右米格-23、200多架米格-21/J-7，还有约40架法制幻影F1可以投入空战。

美国国防部情报局甚至在战前就预测，只需要1个月左右，多国部队空中力量就会使伊拉克空军失去战斗力。为了弥补自己在作战能力上的差距，伊拉克空军在遍布全国的机场上修筑了598个加固机堡，有的钢筋混凝土顶板厚达500mm，有的上面还覆有沙土，具有很强的抗弹能力，指望以此保护其飞机，并伺机发动作战。

伊拉克海军力量最弱。由于海岸线很短，总共只有50公里，伊拉克一向不重视海军的发展。伊拉克海军主要依靠一些快艇作战，称不上是一支大规模的军事力量。

两伊战争中，伊拉克士兵战死20万，伤40万，被俘人员5万，坦克损失2000辆，装甲车400辆，火炮500余门，飞机和直升机200多架，舰艇约20艘。战争消耗和经济损失高达4500亿美元。

两伊战争后，萨达姆加紧补充兵力，有资料表明，海湾战争前，伊拉克现役部队扩充到100万人，预备役和“人民军”85万（有说100万），还有边防部队，保安部队（4800人）等。按兵种：陆军95.9万（七个军团，七个装甲机械化师、42个步兵师、六个总统卫队师、20余特种作战旅、两个地对地导弹旅）。装备：坦克5530辆、装甲侦察车600余辆、步兵作战车1000辆，装甲运输车约7100辆、牵引炮约3000门、火箭炮200门，自行反坦克炮100门，迫击炮、反坦克导弹、无后坐力炮、反坦克炮若干门。武装直升机103架、运输直升机229架、高炮4000门、地对空导弹SA−2、SA−3、SA−6、SA−7、SA−9、SA−13、SA−14型等120部、“罗兰式”60部。

空军4万人，作战飞机近700架，其中攻击机284架，战斗机223架，侦察机8架，空对空、空对地导弹若干枚。

海军：5000人，舰艇近70艘。

非常规武器中，远程地对地导弹（射程300公里以上），型号“阿比德”“泰姆萨”“秃鹰−2号”1000枚、“阿巴斯”250枚、“侯赛因”300—800枚。

化学武器4.6万件，3000吨化武材料，32吨化学材料，6120个化学弹头，可装填1.5万枚弹头的神经毒气。

应该说，伊拉克的军事实力，特别在武器方面，极不透明。美国报道说，伊拉克有苏联提供的SS12导弹（射程1000公里），在英国（一说比利时）帮助下研制了“超级大炮”。说来滑稽，据报道，伊拉克拥有一尊口径为350公分，身长52米，射程1000公里，很难转动的超级大炮。还计划试制口径为1000公分的超级大炮。专家指出，这种炮毫无实战价值，早在20世纪30年代，德国纳粹时期就设计过。

此外，伊拉克号称拥有化学武器，备有400枚化武火箭。战前，萨达姆加紧秘密研发核武，拥有25台电磁分离器，2000台离心式铀浓缩机及少量浓缩铀和钚。以色列1981年6月曾炸毁伊拉克核反应堆，号称“巴比伦行动”。传伊拉克与苏联签订发展核能的协定，50名苏联专家为萨达姆效劳，合同五年期，月薪高达1万美元。

海湾战争前夕，萨达姆进行了周密部署：43万部队，包括精锐部队“共和国卫队”，部署在伊沙边界线和伊科边界线，其中17万在科威特境内。从科威特临海地区至内陆，设五道防线。装甲主力部队驻在北部伊科边界。伊军沿科沙边界和科海岸线地区埋设大量地雷，并筑有沙墙和钢丝刺网。其后，有三道深约三米的反坦克壕沟，沟内放置大量凝固汽油。

在前沿防线后面，广阔平坦地区，伊拉克步兵和火炮隐蔽在地面掩体和地下工事之内。总的来说，伊拉克处于守势，从排兵布阵看，准备在科威特境内打一场地面战。

面对美国的出兵，伊拉克采取了相应对策。总的战略指导思想是，拖延战争爆发，使海湾冲突长期化、复杂化，进而分化以美国为首的军事阵营，打破对伊拉克的各项制裁，保住既得利益。同时，做好军事上防御作战准备。军事上加紧扩军备战，恢复和新建24个师，使军队总兵力达到77个师，120万兵员。

萨达姆估计，美国人会从海上登陆，直捣科威特首都。萨达姆准备以“人海战术”拼杀一场，造成美军大量伤亡。萨达姆对部队说，伊军为“收复领土而战”，为祖国而战，不怕死。美国大兵的命比伊军值钱，美军伤亡到一定程度，国内舆论大哗，反战运动兴起，迫使美国同伊拉克谈判停战，甚至媾和。萨达姆甚至准备在无计可施的情况下，冒天下之大不韪，动用化学武器，打一场毒气战。据称，伊拉克的化学武器库中拥有大量芥子气、沙林、路易氏等化学武器，有效储备近万吨。

伊拉克国土面积44万余平方公里，人口1895万（1992年），拥有上述规模的军事实力在当时国际上也算不多见了。平均全国10人中就有一人当兵。武器装备主要从苏联进口，用大量石油美元购进。在阿拉伯国家中，伊拉克部队具有大实战的能力和经验，投入实战时间最长，海湾国家对此心存惧怕，对萨达姆始终敬让三分，不无道理。但是，面对美国为首的联军，萨达姆可以说是“鬼迷心窍”，自不量力。

战争爆发前，钱外长同萨达姆谈话两个小时，中心意思让他了解局势的严重，迷途知返，话已经说到尽头。但萨达姆执迷不悟，不撞南墙不回头，无奈，“天要下雨，娘要嫁人”。

实话说，双方都有相当的军事实力，但比较起来，实力相差甚远，可以说这是一场“不对称”的战争。从海湾战争开始，凡美国挑头挑动的战争，无不是“不对称”的战争，科索沃战争、利比亚战争，都可称为“不对称”战争。

“沙漠风暴”终于打响

1991年1月16日，美国东部时间上午10时30分，布什总统签署了给美军中央总部司令施瓦茨科普夫的国家安全指令文件，命令美军向伊拉克开战。

是夜，1月17日凌晨2时40分（当地时间），代号“沙漠风暴”的军事行动开始。

美军以迅雷不及掩耳之势对伊军开始进攻。美“密苏里”号和“威斯康辛”号战列舰，向伊拉克防空阵地、雷达阵地等目标发射100多枚“战斧式”巡航导弹。随即，从沙特、巴林等国以及停泊在海湾地区的美国航母上，数百架战斗机、轰炸机，对伊境内的军事机场、军事通信指挥中心、生化武器工厂、核设施、导弹基地等，进行密集的、轮番的、持续的轰炸。

开战次日，伊拉克军队一面对抗空袭，一面向沙特境内发射42枚“飞毛腿”导弹，导弹在达兰（沙特东部地区）和利雅得（中部地区）降落，造成一人死亡、50人受伤。同时，伊拉克向以色列方向发射38枚“飞毛腿”导弹，造成以色列四死200多伤。虽给以色列国内带来恐慌，以色列当局表

美舰炮轰伊拉克港口

示不予还击。萨达姆的意图在于引诱以色列还击，把以色列拖入战争，进而造成阿拉伯国家，尤其广大群众反以援伊。一旦混战发生，则向阿以战争发展，置美联军于被动。

殊不知，美国早向以色列当局打了招呼，对萨达姆的“招惹”不予理睬。当然，以色列在国内加强防范，动员民兵，向百姓发放防毒面具，防范萨达姆使用毒气弹。

发起进攻后，美国率多国部队进一步加强备战工作。美军首先使用凝固汽油弹，破坏伊军阵地前沿的贮油壕沟；接着出动大型推土机在伊军沙堤防线打开决口；同时加强对伊军前线部队密集的空袭和炮击。

自战争爆发至2月16日，一个月内，美国等多国部队出动作战飞机共7.6万架次，从海上发射“战斧”式巡航导弹280枚，对伊拉克军事目标和经济设施进行不间断地大规模空袭。据多国部队统计，摧毁伊拉克重型武器装备达30%—45%，其中坦克2000辆，装甲车800余辆，大炮1400余门。75%的指挥控制系统，55%以上的飞机掩体，核设施、生化武器的大部分均被摧毁。

在空中击落和击毁伊军飞机140架，击沉击伤伊军舰艇50余艘，50%以上的桥梁和通信线遭到破坏，巴格达至科威特的通信、补给线基本被切断，伊军战斗力损失达40%。

2月21、22、23日，三天之内，美军出动B-52重型轰炸机，达到海湾战争以来最高日出动量，对美国地面部队进攻方向的伊军阵地进行地毯式轰炸；英军第一装甲师倾其所有大炮与火箭，对其地面部队进攻方向进行了火力准备，仅21日一天就发射了1300发炮弹、144枚火箭。

同时，美国和沙特等国还派出小分队对伊军的前线部队作火力侦察，并夺取了一些伊军前哨阵地。正是在这些充分准备的基础上，美国及多国部队的地面进攻分突破防线、纵深作战和合围围歼三个阶段顺利地进行着。

“天上的不下来，地下的不出来”

人们关注和期待的陆地战迟迟没有展开。“沙漠风暴”实施以空中打击地面为主的战术，使萨达姆的地面部队只能躲在壕沟里，而伊拉克的空防和空战力量远远不能抵挡美军的狂轰滥炸。应该说，萨达姆在战术上低估了美国“空中打击”“地面部队迟迟不出动”的招数，以致损失巨大，被动挨打，全无还手之力。美军的轰炸有效破坏了伊拉克的通信网络，前后方联系中断，指挥失灵，补给告罄。伊拉克期待的美军在越战时人员大量伤亡的局面根本没有发生。

美国战前的宣传和舆论导向给萨达姆以错觉，报纸、杂志、专家评论，制造美军将对科威特强行登陆，在科威特境内打一场地面战争。

从理论上讲，安理会决议，要伊拉克从科威特撤军，美国当务之急是赶走伊军，在科威特本土开战顺理成章。

为避免萨达姆立即采取进攻行动，美国采取软硬两手。一方面，利用新闻媒介，故意将美军“沙漠盾牌”某些行动的实施情况及武器装备情况公诸于众，组织记者参观神秘的F-117A隐形战略轰炸机，拍摄一些关于军事情况的影片和照片，进行夸张的宣传，大肆吹嘘美国的军事能力。制造美军已大批进驻沙特的假象，并采取严格的保密措施，隐蔽真相；另一方面，美国当局在公开场合讲话的口气相当缓和，极力避免过分刺激伊拉克。布什在8月8日的全国电话讲话中说，美军的任务纯粹是防御性的。

在众多舆论喧嚣之中，令人注意的是，美国报刊大谈科威特水域的涨潮落潮规律、月光明亮度、风速，等等。还说有专家献计献策，何时登陆为最佳时机。萨达姆真的上当了，以为海军陆战队会打头阵，登陆科威特海湾。殊不知，战争怎么可能跟着舆论走？就在人们感到战争前景仍然扑朔迷离的时候，美军利用军事卫星制导，打了一场战争史上空前的“高科技电子信息战”，而萨达姆准备的地面战争迟迟没有打响。

仗打了一个多月，“天上的不下来，地上的不出来”，真是一场稀奇的战争。美国轮番大规模轰炸，把伊拉克打疼了，伊拉克无还手之力，只能保存有生力量，而美方则竭力避免同伊军进行地面接触。

美国利用“空中优势”打“空袭战”，伊军不堪对阵。联军的最为先进的战机杀伤力强，在海湾战争中有了“实战”的机会，而伊军飞机多半是苏式老飞机，不是对手。联军使用这些飞机，无异于“牛刀子杀鸡”。战后爆料：美国空军出击有三个程序。首先，飞机在相当高度选中目标；第二架去投弹；第三架观察投弹效果，看是否已然命中。这样，不难做到“稳、准、狠”。美机高空作业，超出伊拉克地面防空力量所能打击的目标，美国驾驶员安全系数很高。其他西方国家空军驾驶员对此也无比赞叹。一般来说，传统的轰炸方式是有目标之后，低空俯冲，危险系数很高，驾驶员投弹冒很大风险。

美国连番轰炸，把伊拉克打瞎了，指挥系统失灵，前方和大本营失去联系。在指挥系统方面，伊拉克一直使用从苏联学到的高度集中指挥系统。萨达姆掌握绝对的军队调动大权，哪怕是一个营的调动，也要来自大本营。一旦指挥系统被破坏，伊军“群龙无首”，前方部队不知何去何从，像断了线的风筝一样，无所事事，大多原地抗击。萨达姆为了保存实力，把“共和国卫队”和本土守军尽量藏在地下河居民地区（伊拉克南部巴士拉一带）。无论上面怎么炸，我就是不出来，让你奈何？

一个月的战斗，基本上是美军空袭，几无地面交锋。伊军损失巨大，但萨达姆也确实保存了一些实力。

到了1991年2月上旬，战事越演越烈，美国和联军打疼了萨达姆。萨达姆看顶不住了，有意妥协，谋求停火，要求同美国对话。他派出阿齐兹前往莫斯科，请求苏联介入促和。2月8日，戈尔巴乔夫提出和平倡议：伊拉克无条件从科威特撤军，多国部队停止军事行动。苏联保证伊拉克政权和边境安全；解除对伊拉克封锁和制裁；召开国际会议，讨论巴勒斯坦问题和中东问题。

对此，美国总统布什断然拒绝，驳回了苏联建议，根本没有商量余地。

阿齐兹再赴莫斯科，同苏联达成八点协议，从科威特撤军。布什再度拒绝，并限伊拉克2月23日中午前从科威特撤军。23日，苏联再次提出六点停火、撤军和平计划。对此，美国强调，伊拉克必须按照美国1990年1月向萨达姆提出的“最后通牒”撤军。

这些求和活动反映伊拉克力图避免地面战争，萨达姆清楚，一旦地面开战，后果不堪设想，伊拉克不但要放弃科威特，萨达姆政权恐怕也自身难保了。

2月24日，当地时间凌晨4时，美国和多国部队向伊拉克发动代号为“沙漠军刀”的地面进攻。地面战争终于打响。

以美军地面部队为中坚，从多路进攻：一路，取海路，向科威特东部挺进；另两路，从路上越过沙伊边界进入伊境，而后折向东北，与东面部队和美国伞兵部队会合，把侵科伊军包围在科威特境内，切断已经部署在科威特境内的“共和国卫队”同后方的联系。联军只受到轻微抵抗，在直升机掩护下强力推进，伊部队溃不成军。

溃退的伊军点燃了科威特600口油田，每口油井有如巨大的“天灯”，浓烟滚滚，漫天散布黑色气流。伊军还向海中倾倒800万桶原油，造成大面积海域污染，落在海中的大量海鸟，被黑油粘住，展不开翅膀，战后科威特的报刊登载了被污染和毒死的海鸟图像，令人不寒而栗。

伊拉克的野蛮报复并没有给萨达姆带来喘息的机会，就在这时，联军开始对伊拉克本土，特别对巴格达市内，展开猛烈空袭。

据了解内情方面透露，地面战斗十分惨烈。美军依靠坦克等重型武器，加上空中支援，不管伊军是否仍在抵抗，横冲直撞，向前推进，壕沟内的伊军放下武器举手投降了，美军坦克并不予理睬，越过战壕，压碾过去。伊军被碾在坦克下面，粉身碎骨，惨死黄沙之下。美军还大量使用凝固汽

前线伊拉克士兵投降

油弹，向伊军阵地投掷，大批伊军被烈火烧死。

战后，据经历过战场惨景的美国大兵说，当时的情景惨不忍睹。英国士兵看到这种惨绝人寰的人类悲剧，士气受到影响。对此，自由媒体报刊多有披露。

地面战争进展如此迅速（科威特总面积1.7万多平方公里），始料未及。萨达姆实在扛不住了。2月26日，萨达姆在电台宣布，一天内伊拉克从科威特全部撤军，科威特不再是伊拉克的第19个省份。

2月27日，伊拉克致信联合国安理会，无条件接受安理会自“8·2事件”伊侵科以来通过的所有决议。

海湾当地时间2月28日8时，多国部队停止军事行动。海湾战争宣告结束。27日（美国东部时间）晚9点，布什在白宫宣布科威特全境解放，28日零时始，多国部队停止一切行动。

1991年3月10日，“告别沙漠行动”开始，美国从波斯湾撤离54万部队。

一场“非对称战争”

西方透露，海湾战争中美国和多国部队共计投入战机2780架，出动11.2万架次，平均日出动2600架次，投弹万余吨。美军统计，地面战争开始后，科威特战区伊拉克54万兵员中伤亡1/4，重装备损失30%—45%。

1992年1月17日，海湾战争一周年的时候，萨达姆说，对方出动11.4万架次飞机疯狂轰炸，投下18万吨爆炸物，相当于二战结束前夕，美军投向日本广岛和长崎的原子弹的当量。

战争结束后不久，人们开始估计战争给双方造成的损失和破坏，国际舆论对此报道不一，悬殊很大，评论莫衷一是。但可以肯定的一点，伊拉克损失惨重，战后将进入衰退期，人民生活将长期难以摆脱困境。有数字称，伊拉克损失总量高达4000亿美元，社会倒退20年。我个人看法，这一估计并不夸大。

据不完全统计，美军空袭使伊拉克通信系统75%受损，有的完全瘫痪。如巴格达20个现代化通信站，60%的指挥机构被破坏，44%的机场不能使用，75%的防空系统瘫痪，90%雷达被毁。战略后方的军工厂、化工厂、核设施、炼油厂（约九座）、油井等生产设施，大多被炸毁。200多个弹药库、油料仓库被摧毁。底格里斯河和幼发拉底河上的36座桥梁被炸垮33座。伊军事飞机被毁215架，坦克3500辆，装甲车2400辆，火炮2600门，舰艇143艘。

综合西方报道，估计战争使伊拉克84%的军事、经济设施和政府机构遭到破坏。在战争中，伊方死亡人数说法不一，1991年绿色和平组织公布的数字，伊军队死亡人数为10万—12万人，平民5000—15000人。美国防部统计：伊军死亡10万，伤30万。美国会军事委员会称，伊死亡9000人，伤17000人。1993年又有报道称，伊死亡1500人，伤3000人。

西方联军死亡175人，其中美军148人（多半死于一次误伤，美军轰炸某据点，以为是伊军据点，其实是美军据点）。战前，美国运往海湾的武器装备在战争中消耗10%，大部分完好无损，战后运回国内，这个数字可信。统计数字不一，常理之中，特别是人员伤亡，涉及“人道主义”，往往保密。美国会数字值得怀疑，考虑美国形象，不愿被称为“杀手”。

如此大规模战争，海陆空立体作战，美国仅仅伤亡100余，同伊拉克伤亡极不成比例。人称，海湾战争打的是高科技信息电子战，有专家称为“金属风暴”，钢铁加上电子。美国加紧研制“无人驾驶”武器，进一步避免自身伤亡（美在越战中死亡58178，伤154452），近年来，美国加紧研发杀伤性武器，杀伤力愈趋精湛，敌方损失伤亡不计其数，而自身兵员损失降低到最大限度。

从美军死亡人数看，美国付出不多。可以说，这场战争对美国来说，是一场有补偿的，但耗资最为昂贵的战争。

海湾战争中，美国究竟花了多少钱？一般认为，以美国为首的多国部队总计耗费611亿美元（美管理和预算局长称，全部开支为610亿美元），平均日耗费15亿美元。这是创纪录的战争费用。第二次世界大战平均日耗费仅为0.5亿美元，越战日耗费2.3亿美元。一次世界大战总耗费3800亿美元，二战3.1万亿美元；朝鲜战争2650亿美元；越战5700亿美元。

战争中使用的武器价格惊人。一枚“爱国者”导弹价值110万美元；一枚“战斧”式巡航导弹价值135万美元；空对空“麻雀”导弹价值169万美元。战争中美国共发射各类导弹5500多枚。仅导弹一项，一天耗资近亿。如此巨大开销谁来埋单，美国一家吗？完全不是。日本、西德、欧共体、韩国、中国台湾等都给了钱。有文章说，战前美国开始筹款，账面上筹到540亿美元，其中现款418亿美元和物资（汽油一项54亿美元）。

伊拉克侵占科威特，威胁到海湾产油国。产油国请来美国大兵打仗，美国大兵是世界上最为昂贵的“雇佣军”。产油国用原油向美国支付战争费用，原本充盈的国库，出现亏空，出现财政赤字。此外，美国曾经担心，一旦战争爆发，油价会失控，导致西方经济动荡。为此，开战后，沙特加足马力，日增产800万桶石油，国际上每桶石油价格保持在25美元幅度，没有大幅上扬，美国经济未受到重大影响。

后来，我到沙特任职，那里的朋友告诉我，战争期间美军驻扎在沙特，战争结束后送来了厚厚的“报销单”。连美国大兵抽烟的火柴盒都是沙特付账。美国对伊拉克设立禁飞区，每天派出AWAC预警飞机到伊拉克上空巡查，看伊拉克是否有违规行为。这笔巡视费当然要由海湾国家出资。美国不花钱，还训练了飞行员，一举两得，何乐而不为？

战后，海湾国家被美国逼债，现款不足，提出用其在美国的投资偿还。美国又担心这样会影响经济运转，接受以石油抵债，分期还清。

回顾二战以后，美国是世界上打仗最多的国家。人们不禁要问，美国经济是否受到战争的影响出现下滑，以致国力衰微？事实上，美国的发展经常是以战争为龙头，发展军用高科技，发展军事科技和武器并大量对外出售，战后又把军用产品转换为民用产品大量出口。可谓“一本万利”，生意做得如此精明！

打一场海湾战争，美国既试验了原本准备和苏联打第三次世界大战的武器，又训练了武装部队，将其在高科技方面具有的优势用于战争。美国大力宣传“为正义而战”，以最小的损失换取最大的利益，海湾战争为美国进一步开拓海湾市场，在与西方国家争夺海湾中东市场方面，稳操胜券。

我们在沙特时亲眼看到，美国和法国争夺向沙特出售战斗机生意，法国落败；美国波音公司一次获得80亿美元的大笔民航飞机合同；美AT&T公司拿到在沙特铺设网络的大笔合同。

“受助国”，指参与海湾战争的其他国家。据说，有在战争中出力的亚洲国家得到的经济“实惠”，不过是向当事国出口了几辆公路洒水车，引起该国舆论愤愤不平。

对美国来说，战争为本国大企业步入几百强开辟了市场，立下了汗马功劳。美国还从实战中改进、发展新式武器装备，独居世界头号武器生产和出口大国的地位，大赚军火贸易进账。

2011年2月，在斯德哥尔摩发表的一份报告称，2009年世界最大的百家军火商总共卖出价值4010亿美元的武器，其中美国公司销售额最高。大笔武器卖家公司中，45家总部是设在美国的企业。而最大的军火公司，7家为美国公司。2009年美国洛克希德—马丁公司销售额居于榜首，达333亿美元。2011年初据报道，沙特同美签订了一份高达600亿美元的军售合同。

中东海湾历来是大军火市场，半个世纪战事频仍，军火商大发其财。我同海湾国家几位高官谈话，他们说，我们不可能像美国和西方国家一样，建造飞机、坦克、大炮工厂，生产军火是为了打仗，有了战争才会去买武器嘛。这句话说得实在。频频制造战争的国家，石油美元滚滚流入军火商的腰包。

令人难解的几个“谜团”

我们身在开罗，每天感受着海湾地区战火：海湾上空，硝烟弥漫，火光四起，爆炸之声不绝于耳，震耳欲聋。回顾中东海湾地区，有史以来，哪里有过如此规模的厮杀。古罗马时代的“十字军东征”，使用的是刀枪剑斧；一战、二战时期的战争，打的多半是阵地战，拼的是刺刀，武器装备无非有飞机大炮。而这一次，虽属于地区性局部战争，但投入的兵员数量之多，使用武器的杀伤力之凶残，耗资之巨大，战败方死伤之多，前所未有，前所未见，前所未闻。

战争结束了，有些事情总是琢磨不清楚。

谜团之一：美军为什么没有打进巴格达？

地面战争开始后，美军很快进入伊境，直逼巴格达。但是，在距离巴城约200公里处突然停止。当时，联军总司令施瓦茨科普夫得到布什总统命令：停止进军。这位总司令本想直捣王巢，因为从军事上讲，进取巴格达，此时如同囊中取物，轻而易举。伊军当时已溃不成军，美军几乎没有遇到抵抗，以雷霆之势，横扫战场。当时总司令对大本营的指令不悦，据说发生分歧。

后来，战争时期留在城内的一位外交官对我说，美国大军压境，巴城设防空虚，萨达姆是否还在城内很难说。如果那时候，一个军官振臂高呼，带着一个营的兵力，就可以推翻萨达姆政权。是否果真如此无从核实，但美军不费吹灰之力拿下巴格达，是可能的。

但是，美军停住了进攻的脚步。

对此谜团，议论纷纷。过了半年，英国外相谈到这个问题，强调联军

被炸的安曼至巴格达高速公路

的军事行动必须符合联合国安理会关于解放科威特的决议。把伊拉克赶出科威特，目标达到了。外相还说，如果占领了巴格达，面临选择，是取消萨达姆政权，支持另外一个新的政权，这样会把联军拖入“伊拉克政治泥沼”之中。他还说，联军看到伊军溃败，遭到血腥屠杀，穆特拉山脉横尸遍野，科威特至巴格达之间的公路上到处可见被毁掉的伊军战车和尸体，惨象令人震惊，使联军士兵士气低落，不愿再打下去。外相一席话有些道理。

但是，许多内行人士，从政治层面深层次地做出分析，对英外相并不苟同。美国打这场战争，绝对不是仅仅把伊军从科威特赶走，而是由于对中东和海湾今后形势发展有更大更深的谋略。说穿了，留不留萨达姆，要看美国的长远需要。

想当初，两伊战争时期，美国坚决支持萨达姆政权，美国时任国防部长拉姆斯菲尔德80年代访问巴格达，同萨达姆热烈拥抱。海湾战争之后，留下萨达姆政权，一方面对其制约，同时通过他掌控伊拉克形势。战后的萨达姆政权虚弱了，“放虎归山”无妨，因为这只老虎已被拔掉牙齿。另外一个因素是，伊拉克仍然是抵制伊朗的一个重要屏障嘛。

“拔掉牙齿”的萨达姆不会老实，美国需要利用萨达姆挑起事端，制造有限度的紧张气氛，美军长期在海湾驻军也就有了充分借口。海湾国家对美国的依赖性长期化也就顺理成章。

还有一个不容忽视的因素，伊拉克是石油大国，美国从战略资源利益出发，需要控制伊拉克的石油生产和出口。一方面对伊拉克实施严格封锁制裁，同时私下进口伊拉克廉价石油。据透露，美国私下进口的伊拉克石油超过从科威特的进口。总之，萨达姆的“剩余价值”不低，把他放进笼子里，比干掉他更有好处。何乐而不为呢？

事实上，海湾国家对美国的意图心知肚明。我后来在沙特工作，一位海湾国家的官员知道我曾经在巴格达任职，私下问我，为什么美国不干掉萨达姆？我谈了看法，他默不作声，微笑地点点头。后来，这个问题经常出现在人们议论的题目之中，由此可见，这不再是一个神秘的话题，美国人的做法是“司马昭之心，路人皆知”。当然，萨达姆这次逃脱了厄运，到了2003年3月伊拉克战争时，美国人把他送上了断头台。

历史就是这样写就的，这就是历史。

迷团之二：萨达姆为什么把飞机送往伊朗？

海湾战争地面战打响后，萨达姆下令，147架飞机（其中军用飞机121架、运输机26架）飞往伊朗境内。两伊交战八年，两国积恶很深，何以将飞机开往伊朗境内？一般的解释，说为了躲避联军空袭，保存空军实力。这一说，源于萨达姆想把伊朗变成伊拉克大后方。1990年8月2日伊侵科后，8月中旬萨达姆同伊朗当局迅速媾和，双方就划界、换俘和伊拉克撤军等问题达成协议。伊朗则宣布在海湾危机中保持中立，反对大国在波斯湾派驻部队，并命令“革命卫队”进入戒备状态。

萨达姆此举出人意料，难道真是把敌人的敌人当成朋友，“化敌为友”不成？以此解除来自伊朗方面的威胁，并使其成为战略后方吗？

另外一种看法是，萨达姆一向对空军存有戒心，不情愿让空军参战，担心空军搞政变或袭击萨达姆驻地。1987年，他曾对空军做过一次大清洗，据说曾有三架飞机企图空炸萨达姆住所，后来，空军司令被处决。这种说法不无道理。从数字上看，联军宣布，击毁伊军战机36架，其中18架是在地面上被击毁的，另有12架完好无损的飞机成为在伊拉克南部被联军缴获的战利品。而且，藏在坚固的掩体内的战机究竟被毁多少，数字从未公布。直升机损失仅3架。从这些数字至少可以看出，伊拉克空军没有在战斗中发挥应有作用。

谜中之谜，飞往伊朗的飞机哪里去了？战后是否飞回伊拉克了？萨达姆吃了哑巴亏？

2004年8月，据记者报道，伊拉克国防部长要求伊朗归还113架军机和30架民航机，包括装满设备的两架C-130。伊朗方面表示，如果联合国机构提出要求，他们将物归原主。同时表示，他们目前只保留了22架飞机。

谜团之三：伊拉克战后剩下多少兵力和武器？

这个问题，战后不久就有人提出了。海湾战争中，地面战争仅仅四天。这么短时间的战争，不可能使号称世界第四军事大国的伊拉克全军覆没，何况开战不久，萨达姆即认识到要保持实力，为此，掩藏了不少部队和装备。具体多少，众说纷纭。

首先是，“共和国卫队”由八个部分组成，每个部分为12000多人，总计12万人左右。战后至少还剩下一半。一说，至少还有四个师。伊拉克部署在科威特境内、伊科边界和伊沙边界的43个师，被击垮42个。伊拉克被俘人员8万至17.5万，数字差距很大。

一般认为，战后伊拉克还剩有20万—30万部队。至于武器装备，情况更不清楚。战前的5530辆坦克（其中1000辆苏制T-72）大部被B-52轰炸机炸毁。美国五角大楼估计，伊拉克尚存重型坦克2500辆、1600门大炮，但专家认为未毁的坦克、装甲车和大炮下落不明。关于导弹，战斗中伊拉克仅用了苏联的“飞毛腿”。伊拉克击落联军战机，用的是常规武器，被击落的是低空飞行的战机，战术地对空导弹压根未用。

专家认为，伊拉克尚有法制导弹100枚、苏制800枚、中远程导弹，法德联合制造的高效导弹发射架，伊拉克从科威特掠取的法制和美制霍克导弹。另外，还有几百枚发射距离为30—80公里的可携带常规或化学物的轻型导弹。这些原来是抵抗联军地面进攻的主要武器。至于飞机，联军摧毁的和飞往伊朗的之外的飞机哪里去了？地面战争开始时，伊拉克还有689架飞机。

分析家们认为，无论如何，伊拉克打了败仗，但其失败是否仅仅在于从科威特撤出？广义上讲，伊拉克是否真正败了？这个问题应该由美国回答。因为，这个问题与美军不打进巴格达、不干掉萨达姆联系在一起了。

战后，我们回到巴格达，曾被邀请观看规模宏大的军事检阅。萨达姆站在检阅台上，手持步枪，不时向空中开枪，以示自己还有实力。从受检阅的部队方阵看，步兵还有相当水平，坦克、装甲车、火炮、火箭部队列队经过主席台，颇有气派，不像战败国的军队。

一位坐在我旁边的东南亚国家大使悄悄地对我说，这些军队打败我们国家，还是绰绰有余的嘛！

人们说，战争是一本书，一本读不完、读不透的书。海湾战争发生在“一千零一夜”的故乡。这里的故事多，故事中的悬念让故事更加精彩。一时搞不清楚的谜团，慢慢琢磨，慢慢找到答案。

五、三进巴格达——海湾战争之后的日子

飞回安曼

人类文明的摇篮之一，两河流域，遭遇一场战争劫难。战火硝烟，弥漫在海湾上空，迟迟不能散去。战场上，盔甲遍地，尸体横野。死者尚未掩埋，伤者在医院呻吟。当时之伊拉克满目疮痍，一片凋零破落。

国际舆论又热闹起来，从报道战争转向预测地区形势走向和前景。战争是政治的极端手段，战争前未能解决的政治问题，战争解决得了吗？

我们看到，多少次了，战争遗留的问题，比政治手段解决所产生的问题还要多，更为复杂、深远。

总的感觉，海湾地区的前景不容乐观。待返回巴格达，亲眼看看战后的伊拉克，也就明白了几分。

留守小组五人，海湾战争爆发后到开罗，一个多月过去，战争形势已见明朗，美国为首的联军以“秋风扫落叶”之势把萨达姆的军队驱赶出科威特。“8·2事件”造成的后果不复存在。萨达姆惨败，接受了安理会全部决议。那些天，我不断梳理着对战争的看法，思绪难免还停留在战争之中，思考着国际媒体对战后的种种评估，努力做出自己的判断。

海湾战争宣告结束，客居他乡的日子不会长久了，我们随时准备“打道回府”。3月1日，国内指示来了：留守小组返回巴格达。指令一到，刻不容缓，我们的岗位在巴格达，当尽速返回。

当晚，我们来到开罗街头，街上车水马龙，霓虹灯照亮街景，一派国际大都会热闹景象。

我顿时想到，此时此刻，巴格达什么样了？

詹世亮大使得知我们不久要离开开罗，特意来看望我们。大家坐在一起，设想回程路线，估计会遇到什么困难和问题。詹大使考虑很周到，对回程路线、返回前的准备，提出很好的建议。

次日，我和驻约旦大使张德良通话。他告诉我，伊拉克驻约旦大使已经约见他，提出希望中国大使尽快返回巴格达，伊方表示将协助中国大使一行返回。我问起，从安曼到巴格达公路的路况如何，张大使说还不清楚。看来，只有走一趟才能知道。在国外工作，往往不能什么都搞得一清二楚再干，要“摸着石头过河”。

我们五个人商量具体安排。考虑到当时国际航班恢复的不多，空中旅行还有风险，索性分两拨走。经征得詹大使同意，决定：我和李卫华、王金弟三人直飞安曼，3月5日出发；李志国和陈林4日出发返安曼，取道塞浦路斯。5日，两拨人马安曼会合。后来得知，武官处曹彭龄武官和李天天3月4日从北京出发，直飞安曼。

到了安曼，张大使夫妇热情接待，介绍很多新的情况。厨师看到我们回来了，天天做香喷喷的饭菜招待我们，是不是拿我们当成刚打完仗的人了？他说，你们把身子养足了，有了营养储备，去巴格达慢慢消耗，那里不定多困难呢，没准什么都买不到。

厨师一番话让人心暖，使馆之中，同志们有一种特殊友谊。大家都是出门在外，国内上有老下有小，谁都牵挂家人，在国外吃好住好，少想点儿家嘛。从巴格达出来一个多月，来回跑了几个国家，走到哪里，都在中国大使馆落脚。使馆同志，从馆长到馆员，过去素不相识，见面却似亲人。战争环境，险象环生，小是小非、私心杂念，统统抛掉，祖国委托的使命高于一切。所有同志都对你伸出友好的手。

我们想尽快返回巴格达，在安曼待不上几天就走。可是，什么时候启程，国内迟迟没有通知。我们分析来分析去，想不明白。后来得知，国内考虑，这次战争由伊拉克入侵科威特引起，科威特也是我们建交国，战后，驻科威特的中国大使理应先返回科威特，然后驻伊拉克的大使再返回巴格达。

电视上，我们看到，在沙特避难的科威特国家元首——埃米尔贾比尔率领他的王室成员返回祖国了。埃米尔走出机舱，从舷梯慢慢走下。踏上科威特土地的一刻，双膝跪倒在地，双手伏在地上，长久地亲吻面前的土地。钱外长海湾四国出访时，我们见过科威特元首。这时，他显得更加苍老了。此时此刻，可以想象，他心中百感交集，难以名状。他在说，我的祖国呀，我回来了。

中国驻科威特大使管子怀回忆当年返回科威特的情景曾经谈到，海湾战争进行到2月28日，临近最后结束。27日他得到外交部指示，准备返回科威特赴任。当时，他估计到种种困难，只带了简单行装上路，包括电池、手电。3月2日，管大使从北京出发，没有现成的国际航线，只能取道沙特。从利雅得到科威特，有一条900公里的公路，往常6个小时可到达，那天走了16个小时。回到科威特第二天清晨，使馆升起五星红旗，中国驻科威特大使馆恢复工作了。

五星红旗在驻科威特使馆升起了，我们可以动身了！

备足粮草

准备工作第一件事，过“疫苗门”。

大战之后发生疫情，瘟病肆虐，历来如此，何况海湾战争。美国和联军不择手段，使用了大规模新型杀伤性武器。萨达姆“困兽犹斗”，是否使用了化学武器不得而知。大气污染，环境破坏，建筑物和土壤遭放射物辐射，水源肮脏。进入伊拉克等于进入大污染箱，只能增强抗病的能力吧。约旦卫生部门提出，去巴格达必须打防疫针。

使馆忙活着联系防疫中心，说是防疫针不止一种，伤寒、霍乱、痢疾、流感等多种疫苗都要打。疫苗中心说，这么多疫苗，不能一次打完，得分开打。我们说，那得多少天呀，一天隔几个小时打一针就得了。每个疫苗都有反应，连着打，也不知道哪个疫苗让你难受，反正，我们几个好几天都不自在，浑身难受。反应最大的当然是我，年纪最大嘛。那种感觉形容不出来，“似病非病”，还真是第一次尝到。不过，剂量不大，顶顶过去了。再说，无论如何不能趴下，返馆准备工作不能耽搁。忙来忙去，顾不上“反应”了，自生自灭吧。就这样，大家过了“疫苗门”的考验。

第二个题目，“备车上路”。需要买一辆越野车。战前，留守小组是乘最后一班伊航客机飞往安曼的。战争刚刚结束，空中禁运远未解除，去巴格达只有一条陆路。长途客运还没有正常行驶，货车开始运行。新华社记者李少华一个人返回巴格达，租车前往，路上走了18个小时。我们怎么走是个问题。不仅需要考虑路况、车况，留在巴格达的车辆还有没有，是否还能用，都不清楚。约旦使馆的汽车多半是日常用的小轿车，借用的话，能不能跑下全程，心中无数。

看来，我们需要一辆“过得硬”的汽车。抓紧时间，到车行打听。行程对车性能要求很高：必须禁得起道路崎岖不平，不会“散架子”；二是要高底盘，一般的小坎、小坑可以一越而过；三是大马力，前后四轮驱动，能加力爬坡；四是油箱容量大，装油多，争取一路上（1000公里）不用加油；五是封闭性能好（担心被打劫）；六是车体上尽量少塑料制件，免得车体轻，高速下车体发飘，容易出事故。还得加上一条，车内空间大，五个人坐得进去别太挤了。好在五个人都会开车，轮流开就是。

说起选车，20世纪八九十年代，国际上著名的越野车不外乎美产的吉普车和“通用”雪佛兰系列GMC。吉普小巧灵活，但不适合长途。GMC装备豪华，长途经不起大风大雨。英产的Land Rover，是传统的闻名遐迩的越野车了，样子不好看，像轻型装甲运输车，车体见角见棱，四四方方，倒是能“摸爬滚打”。在非洲旅行，不少狩猎者用它在荒原老林中穿行，同凶猛野兽周旋，是上乘的好车，但是价格不菲。

日本产的越野车后来居上，有丰田、本田等，多个厂家竞相争夺市场。到了车行，我们看到丰田越野车大多适用于家庭野外郊游，车内设备很时尚、舒适，不失为上佳旅游车。乘这种车去巴格达，舒服但不实用，我们又不是去沙滩晒太阳。好车不少，但都不中用，无奈看看样本吧。突然，看见一款日产丰田型号越野车“陆地巡洋舰”LANDCRUISER。它完全合乎我们的要求，底盘高，马力大，缺点是有点轻，开快了可能发飘。可是一琢磨，战后的公路也跑不快呀。大家一致意见买这款，白色的，车前面竖上五星红旗，红白反差大，醒目，一看就知道是使团馆长的车。同车行老板商量，老板说，这种车价位贵些，还没有现货。

我们一听急了，赶紧调一辆过来行吗？老板知道我们是外交官，急着返回巴格达，立即从沙特吉达港丰田车行调一辆过来。大家高兴了，可是这车贵呀，赶快请示国内能不能买。经请示，国内迅速回电，同意。约旦使馆为我们垫付了车款。车很快运到了。大家围着车转了好几圈，像是看见自己孩子似的，特别亲，先坐进去“享受”一番。司机王金弟坐在驾驶座位，不说话，手扶方向盘，一副心满意足的样子。有了这辆车，大家踏实了，都明白“工必利其器”的道理。同时感到，部里和领导大力支持我们，有求必应，我们还有什么理由不把工作做好！

下一步，“备足粮草”。我们1月离馆前虽然匆忙，但对馆内物资做了比较周到的安排，食品锁在库房，地下室冰箱里放置些食品，地下油库备足，煤气罐为避免失火爆炸，分放各处。游泳池洗干净，换上一池清水。发电机试运转正常。如果情况没有太大变化，应该说可以维持一段生活。当然，战争期间，谁也难以预料会发生什么。如果当地人遵守国际法，不进入使馆，东西该够用一些日子。

但是，传到安曼的消息不容乐观。说是巴格达城中发生抢劫、偷盗，事件频出。“预则立”，带上足够粮草以防不测。有谁说了一句，要是有压缩饼干就好了。二战后，天津大街上卖过压缩饼干和压缩巧克力，可是没有好牙口，咬不动，当饭吃不行。在街上买了不少方便面，普通饼干，约旦使馆支援我们一些调料。买了十几罐天然气，一个小煤油炉，还有几十箱矿泉水。救急的药品也买一些。撤退时，大家把衣物放在地下室了，估计没事。

国内告知，战前撤回国内的人员不久将返馆。看来，我们留守小组出发的日子到了。

踏上“死亡公路”

3月15日凌晨2点，大家摸着黑起床，用完早餐，4点准时出发。

我们除了新买的“陆地巡洋舰4500”，还租了一辆雪佛兰中型轿车和一辆载重10吨的大卡车。使馆领导张大使和叶水林二秘等同志们摸黑来到大门处为我们送行，祝我们平安抵达。我们谢过，不知怎么的，我蹦出一句话：“欢迎你们来巴格达”。太离谱了，自己还没返回呢，可还真不是套话，是发自内心，没有虚情假意。

车队在蒙蒙晨曦中出发。最前面一辆，是伊拉克外交部的信使车，上面载有粮油、食品。我们的“陆地巡洋舰”居中，卡车收尾。因为路面窄，出发前，大卡车就把雪佛兰的大门给挤扁了，当时修不了，拿绳子捆住，这辆

留守小组返巴格达途经安曼，驻约旦大使张德良（右）送行

车就“呼扇”了一路。

上午10点，到了约旦边境哨卡。哨卡附近是鲁维谢德难民营。难民营收容许多从伊拉克逃离战乱的百姓，远处望去，五光十色的帐篷成了百里荒原中一道独特的风景线。我们办了从约旦出关的手续，进入“中立区”。

中立区很快驶过，进入伊拉克边境。边界哨卡排着很长车队，这是伊拉克同外界联络的主要供应线了。试想这条线路不通，伊拉克的日子能不能过成了大问题。我们的车是外交车，车上插着国旗，海关很快放行。武装士兵给我打了“立正敬礼”，表示敬意。

伊拉克境内一片荒芜，渺无人烟。开始这段高速公路路况还算好，没见到多少战争痕迹。公路很宽，六条往返车道，中间有水泥栅栏。但是，过了大约500公里，距离巴格达约400公里处，公路被破坏得很厉害。大大小小的弹坑布满路面。车子要躲避弹坑，加之路面不平，行车速度大大减慢。不时看到机枪扫射过的浅坑。我们停下车来查看一下。原来，萨达姆把这条公路修成“战略公路”，准备随时停降飞机。弹坑附近散有许多弹片，飞溅在四处。我们捡起一片，拿在手里看，没想到弹片如此锋利，斜面如锯齿状，不小心就会割破皮肤。炸弹杀伤力够大的。

我捡了几片，带回去做个“纪念”，这可是从海湾战争现场捡回的弹片呀。

路不好走，我们的车尽量靠路边行驶。一路过来，看到40多处大小不等的弹坑。应该说，这条公路没有彻底破坏，美军从科威特过来，军车还利用了这条公路。

到了法鲁加镇（巴格达临近小镇），底格里斯河上的大桥被炸了，我们只好绕行，从镇里穿过。

在郊外，村落的孩子们穿着白色短袍，有的赤脚，看到有汽车经过，成群结队跑过来，向我们伸出双手。孩子们嘴里喊着“胡布兹”“胡布兹”，重复地喊着。“胡布兹”是面包的意思，孩子们在乞求面包。战争对孩子们来说就是灾难、饥饿。一个“饿”字让孩子们疯狂起来，为了生存，喊出“给我们面包吧”！我们随车带有饼干，分给了他们一些。

作者（右）在约旦、伊拉克边界至巴格达高速公路被美国联军轰炸破坏处

车子继续前行，这群孩子离我们渐渐远去，我回头看看，心中一片凄凉。无辜的孩子伸手乞讨面包，此情此景，长久地留在我脑海中，挥之不去。

夜抵巴格达

天色渐晚，快进巴格达了。从车窗玻璃往远处看，前方雾蒙蒙的，偶尔有一闪一灭的亮光驶过，城市轮廓出现了。给我们带路的伊拉克外交部官员进城后停在一条街道旁，向我们告别，他们的任务完成了。我们谢过他们，赶紧开向中国驻巴格达使馆。我心里不由得有些紧张，使馆还好吧，被破坏了没有？

这时已是晚上7点，天黑下来。使馆里漆黑一片，为了方便，我们从后门进，官邸就在后门旁边。大家坐了一天车，身子发僵了，赶紧下来舒展一下。立即卸车，把车上的部分生活物资搬进官邸，最多的是矿泉水。使馆没有电，水龙头可以出水，但是散发异味。大家点上蜡烛，点上照明灯。看看其他馆舍，办公大楼会客室的玻璃被震碎，有的房间吊顶落地，玻璃和墙皮散落一片。有生人进来了，一些房间的封条被撕碎了。

陈林砸开仓库门，开动柴油发动机发电。当夜12点，同国内接通联络，即告“留守小组安抵巴格达”。

这一晚，大家都睡在官邸。我睡在楼上，不一会儿，听见楼下有打呼噜的声音，交叉起伏，此起彼落。年轻人都累坏了，一下子睡着了。

我年纪大，一时难以入睡。走上阳台，看看使馆内外，一片寂静。远处似有军车巡逻，时闪时灭的灯光出现在黑色旷野中。向更远处望去，巴格达城市夜间的明亮灯光不见了，到处漆黑一片。

在不到半年的时间，我三进巴格达，也算是和这个城市有缘吧。小时候，读过阿拉伯童话故事《一千零一夜》，故事离奇曲折，演绎着阿拉伯的神话传说。我对自己说，我也有个《一千零一夜》的故事，就发生在阿拉伯的巴格达。故事已经讲到一半了，明天，续篇开始。

天亮了。大家来到院中走走。仅隔两个月，使馆显得陌生了。看上去，房舍、院落、水池、亭子、树木、草坪，变化不大。但院落没有了生气，池塘中的水不再清澈见底，鱼儿无精打采的，还少了许多。经历了战争，总是不一样了。草木不会讲话，但好像告诉我们，主人走后，人去楼空，只有生人进来过。现在我们回来了，他们似乎高兴起来，有了生气。风吹过树梢，树枝摇来摆去，在欢迎我们回来吧。

大家回到屋里，草草吃了早餐，立刻开会，部署工作。首先清查物资，注意有无异物，存放的物资还剩下什么。大家忙了一个上午，一凑情况，不大妙呀，各楼房间门上的封条被撕掉，进去人了。

先解决生活问题。没有电，用备用的柴油发电机发电，但柴油要省着用。自来水不能饮用，喝矿泉水，省着喝。从约旦带回的煤气罐，阀门同使馆的煤气灶接不上，不同制式。全楼搜索，原来储存的好些煤气罐都丢了，只找到半罐煤气。大家约定，周末用煤气罐烧饭，平时用煤油炉。烧开一锅水，少则一个半小时，多到两个小时。烧锅汤，时间更长。炒菜就不用想了。我这个爱喝热茶的人，也习惯喝凉水了。

李志国和王金弟去趟伊拉克外交部，向当局提出生活困难，要求伊方提供汽油、柴油、煤气罐、矿泉水。对方只答应提供一些汽油，其他无法

返抵使馆打扫卫生后稍事休息

保证，让自己解决。还说，其他使馆都从约旦或伊朗想办法。自己克服吧。

战前撤离时，大家把不少食品放进了地下室冰柜，断电后，食品全都腐烂了。大家动手清理冰柜，还雇了几个埃及人在楼外焚烧发霉腐烂的食品。使馆院内一片乌烟瘴气，本来就不干净的空气，又增添一些难闻的气味。

百姓苦不堪言

如果说，使馆人员生活用“困难”二字形容，那当地百姓的生活就该说“苦不堪言”了。

国际封锁，经济制裁，战争损失，伊拉克国力衰微了。

伊拉克占领科威特后，1990年8月，联合国通过了对伊拉克全面制裁的决议，并设立常设的专门小组，人称“661”：任何国家不得将任何同伊拉克贸易有关的资金转移至伊拉克，不得向伊拉克提供任何资金，阻止将任何其他资金汇给伊拉克境内的人员或团体，但不包括完全属于医药或人道主义目的的款项，以及特殊人道主义项下的粮食。据此，有关国家冻结了伊拉克的海外资产。

据了解，伊拉克在海外被冻结资产约50亿美元。到1993年，有62个国家和地区申报有伊拉克冻结资产。

“661决议”之后，1990年8月25日，又通过“665决议”，称：与伊拉克通过陆地、海上、空中进行的一切贸易为非法行为，禁止伊拉克与联合国成员国进行经济交往。

伊拉克在海湾战争中是战败国，战争损失巨大。安理会“687决议”，要求伊拉克赔偿科威特的战争损失，并赔偿外国政府、公民和公司蒙受的一切损失。

考虑到伊拉克百姓生存所需资金和物资，安理会“712决议”规定，允许伊拉克一次性出售石油，限额为16亿美元，用于支付紧急人道主义物资。

“用石油换取食品”，是战后伊拉克唯一的，被允许进出口贸易的模式，而每次允许的出口和进口限额，十分有限且规定详尽。能够进口的都是指定的生活必需品，如医药卫生、粮食，凡可能与军事用途相关的物资严格禁止进口。

战后，保持复兴党统治和军队的生存甚至发展是萨达姆集团的首要考虑。有限的生活物资首先满足复兴党官员和军队的需要。

百姓生活物资供应极度匮乏。伊拉克经济处于崩溃边缘，生产停滞，黑市猖獗，一些地方发生饥荒，出现瘟疫。过去，五个第纳尔可以买一袋面粉，现在十个第纳尔买一公斤黑市面粉。汽油从两个第纳尔一公升，涨到150个第纳尔。一般食品、香烟、服装，上涨200倍。我们用油不够，托人高价在黑市上购油，能搞到一桶汽油算是幸运。

进口物资主要靠约旦通道。约旦海关统计，每天来往运货大卡车800—1000辆。同战前相比，大约1/5的人生活基本保持原有水平。富人、庄园主，不少人已经逃往国外，40%的百姓生活处于贫困线下。经常有人偷越国境线，不堪萨达姆残酷独裁统治。战后，有200万人逃往国外。

通货通胀率至少50%，伊拉克第纳尔越来越不值钱，不断贬值。根据官方数字，1992年一美元换取0.31第纳尔。我们在的时候，第纳尔不断贬值，伊拉克中央银行发行货币，票面值越来越大，越来越“毛”。

我读到这样一篇报道：海湾战争爆发时，住在巴格达的一位姑娘萨娜，年仅15岁。父亲在一所中学里当教师，月薪300伊拉克第纳尔，当时这笔钱折合1000美元，全家生活富足。好景不长，联合国对伊拉克制裁后，萨娜全家的生活一落千丈。父亲300第纳尔的工资没有变化，但是只能换两美元。为了维持生计，开始变卖家里值钱的东西，包括汽车、房产和地皮。现在，全家10口挤在租来的小房子里，艰难度日……

使团也参加"供应制"配给，和百姓一样待遇。使馆上报人员名单，到指定单位购买配给的面粉和肥皂等物。

使馆去购买每个月的"供应品"，包括煤气、面粉、茶叶、肥皂等，使馆会计说，交上仅仅合五美元的第纳尔就够了。

伊拉克政府采取紧急措施，限量供应口粮。战前伊拉克粮食自给率可达32%，其余靠进口。制裁之后，最缺的就是粮食。根据配给制，每人每月八公斤面粉、两块肥皂，婴儿可得一桶奶粉，牛奶根本看不到。鸡蛋不包括在定期供应之内。老百姓吃不饱，在街头，有妇女出售私自搞到的鸡蛋和奶粉，换些粮食饱腹。

我曾在当地报纸上看到这样一幅漫画：父亲带着孩子去动物园看鸡，孩子问爸爸，鸡长什么样？

巴格达市中心的解放广场和立交桥下地摊比比皆是，中产阶级和工薪阶层摆地摊了。把家中能换几个钱的东西忍痛割爱，摆在地上出手，不少是国外进口的工艺品，小家电、高级皮包、精致的金银器皿、玻璃器皿。家中珍藏多年的金银硬币、纸钞、邮票册，都拿到这里变卖。地摊上，我就看

在街头抱着伊拉克小孩

到了中国的“袁大头”。

生意人还要做生意，但商业区的街市今非昔比，店铺照常开张，货架上摆上几件装装门面的物品，买者寥寥无几。也有特殊商店（持特别证件者允许进入），出售从科威特抢来的商品。我们从当地人口中得知，科威特的商店和仓库大都被抢劫一空，整车整车地拉回伊拉克。巴格达一下子市场出现了美国、西欧、日本的高级电器、照相机、手表，甚至药品。伊拉克当局设立特供商店，摆满高级家庭用品、化妆品、高级酒类，欧洲国家生产的男女皮鞋，应有尽有。但是必须付外汇。政府需要外汇。

钱外长访问时，阿齐兹说过，现在如果能借到200万美元，相当于平时的2亿美元。可见伊外汇奇缺。

这是在首都巴格达，外地省份情况只能更差。

惨绝人寰的轰炸

中国驻伊拉克使馆坐落在巴格达临近市郊的阿米里亚区，这里有座防空洞。两伊战争中，双方实行“空袭战”，为此，巴格达新建35个防空洞。瑞典、德国和韩国公司承包修建。建筑质量非常高，防核、防化。从地面上看，似一座钢筋水泥结构的很厚实的小楼，造价1000万美元。楼体不高，两侧有地下通道。我们没有具体测量墙体顶部的厚度，目测约两米。钢筋直径32毫米，水泥立柱直径一米，柱子从顶部直通底部，直立，柱子之间有隔墙，也是钢筋结构。从上到下几层楼高，里面有通道，房间大小不一。

据说，巴格达的地下防空洞互相连接，军事设施保密，内部通信联络四通八达。有的防空洞供萨达姆及其亲信办公和居住使用。外面什么都看不出来。

海湾战争时期，防空洞被列入重点防卫地区，一些民用设施给老百姓使用。但是，萨达姆为对付联军空袭，一是伪装，掩护重兵器，如坦克、大炮，故意把假制的重武器装备置于明显地面，误导美机轰炸，真真假假。第二，也是最令人气愤的，是把重要装备放在老百姓居住的地方，甚至放进清真寺，或者把清真寺变成军事指挥部。

萨达姆本人则神出鬼没，经常变换指挥中心。除核心人物，谁都不知道萨达姆“猫”在哪里。

惨剧终于发生，阿米里亚防空洞被炸。美军得到情报，萨达姆就在阿米里亚防空洞指挥三军。

1991年2月12日凌晨2点，美战机投掷重磅钻心激光制导炸弹，俗称“智能炸弹”，连投两枚。这种炸弹可以摧毁几米厚度的钢筋水泥构建，爆炸力极强。说此次轰炸，目的是把萨达姆埋葬在洞里。但是这个情报纯属子虚乌有，萨达姆根本不在这里。美机先后炸了五分钟，第一个炸弹炸出洞口，第二个制导炸弹从炸出的洞口炸入，穿透整个防空洞。

我们去看阿米里亚防空洞时，离爆炸时间刚刚过了一个多月。从外观看，地面上的建筑没有受到大的破坏，当临近洞口，一股异味扑面而来，很浓的烧焦味道。讲解员带着我们走下楼梯，洞内墙面上射出昏暗的灯光，阴森森地让人不寒而栗。洞内已简单清理，但仍然依稀可见地面和墙面上的暗色血迹，墙面上看到了人的形状，一个活人被炸飞，人体皮肤贴在墙面上，血迹斑斑，惨不忍睹。有的墙面看到残缺肢体的轮廓。

讲解员说，炸弹爆破后温度极高，气浪把人拍在墙上，人成了肉泥，四处飞溅。有的痕迹可以看得出是孩子的。

400人，400个进防空洞躲避炸弹的百姓，只有八人幸免，防空洞成了他们葬身的坟墓。他们是伊拉克的百姓呀，他们犯了什么罪过，该遭此报？

没有人说话，只有沉重、压抑的心情。我们走出洞口，深深地呼吸一口阳光下的空气。回头再看防空洞遗址，人们在沉重和压抑的同时，一股怒火冲上心头。靠战争致富的“战争狂人”给无辜百姓带来了什么？投掷炸弹的人难道不知道平时防空洞里是躲避空袭的百姓吗？难道以袭击萨达姆为由就可以滥杀无辜？

使馆周围的许多民居门口挂着黑色布条，说明这家有人死在防空洞里。有些人家那天夜间全部遇难，无一人幸免。这笔血债，该谁来还？

若干年后，美国媒体报道了这场罪恶。最近，我读到这样一篇报道："今天，在阿米里亚掩体的大洞中，仍然可以闻到烟味。一位名叫海曼的美国人说，我要美国人到这里来，看看发生了什么，因为这里就是证据，美国还在准备一场新战争。她说，如果他们看见了这个结果，也许就不会再打了。

"海曼预言，如果美国对伊拉克发动另一次空袭，肯定会使平民遭到杀害，到时人们会在全世界的媒体看到伊拉克母亲痛哭和死亡儿童的图片，这也是战争游戏的一部分。

"美国布鲁金斯研究所曾经估计，如果发动战争，伊拉克平民的死亡人数将达到数万人。该研究所说，萨达姆很可能在城市屯兵，并使用平民作为军队的挡箭牌。

"美国哈佛大学曾经组织了一个研究团队，到巴格达实地评估空袭损失。参加团队的有美国空战专家。他们看到了巴格达医院中平民伤亡的记录。专家认为，阿米里亚掩体空袭是现代战争中最大的一次单一性平民伤亡，这次空袭对战争双方都产生了巨大影响。"

"这次空袭造成的平民损失，占海湾战争平民损失的10%，它对当时的参谋长联席会议主席鲍威尔将军的心理也产生了很大影响。"

铁证如山。

在另外报道中，美军宣称，在未来战争中，考虑到它的有效性，将更多使用激光制导炸弹。

城市的伤痛

海湾战争中，巴格达无疑是联军袭击的军事目标重点之一。据军方记录，在开战前的数月中，多国部队已经截获伊拉克众多电子信号，查明了伊拉克各电台的高频、甚高频和特高频信号。1991年1月16日，多国部队开始对伊境内的各种通信信号实施全面电子干扰，使伊军许多处于开机状态的雷达被摧毁。1月17日凌晨，以美国为首的多国部队向伊拉克发起“沙漠风暴”空中打击作战行动。

凌晨3时正，两架F-117A隐形战斗机对巴格达投下了首批炸弹。不久，“战斧”式巡航导弹开始袭击巴格达地区的目标。组成第一攻击波的攻击飞机实际上包括三个单独机群，其中包括30架F-117A隐形战斗机。在最初五分钟内，巴格达约20个防空系统、C3、电力和领导机构的关键目标遭到隐形战斗机的攻击。在一个小时内，另外25个同类目标以及配电站和化学武器设施也遭到袭击。

巴格达在联军轰炸中首当其冲，人们不难想象，战后这座历史悠久、充满神奇故事的古城，一定是面目全非，残垣断壁，瓦砾遍地了。

没有。我们回来后，特地到城里主要地区转转，市中心广场，“两伊战争烈士纪念碑”、大清真寺、政府大楼，等等，确实没有见到大面积的破坏。有的地区，如“烈士纪念碑”，看上去完好无缺，和战前没有两样。

怎么解释这个现象？联军扔掷的炸弹炸到什么地方去了？原来，我们看到的只是表面，那深层次的破坏，不是外观，是内伤。

电信、电力系统等基本设施，是美军空袭的目标，目的是“炸瞎、炸

巴格达“烈士纪念碑”

聋”萨达姆的指挥联络系统，这个目的基本达到。巴格达的电信大楼全部被炸。外国记者只能利用拉希德饭店的顶层临时搭起三个卫星通信电话。发电机、发电厂、郊区的工厂和军事设施被破坏得最厉害。底格里斯河上的桥梁，原来有十几座，为了阻断萨达姆供应线，桥梁遭到破坏。通往机场的公路倒没有炸毁，分明是给国际空运留下通道，以备不时之需。战后伊拉克不能同国际隔绝。

我们返馆后，想和北京的家人联系，打个长途电话。不行，到了邮政局，那里说“正在恢复国际长途业务”。

为了避免触犯众怒，巴格达市内的民房和清真寺等宗教建筑物不在轰炸目标之内，纪念性、标志性的建筑也不炸。据说，原来把“两伊战争烈士纪念碑”列在轰炸目标之中了，后被否决，主要原因是避免伤及伊拉克民族感情。

我们来到巴格达后，每逢经过，就对这座标志性建筑多看几眼。平时经常有人瞻仰，萨达姆在这里举行一些盛大仪式。留住这个纪念物，从长远来想，让人们记得伊拉克和伊朗的八年之战，不忘和伊朗的仇恨。美国支持伊拉克打两伊战争，海湾战后，两伊矛盾仍是美国可以利用的地缘政治因素，留下它，有何不利?

美国空袭命中率很高，失误不多。智能炸弹和巡航导弹命中率相当高。我们在当地听说，战前，萨达姆政权安全机构、特务部门严防间谍刺探军情，许多地方严禁拍照，原因之一就是担心间谍情报人员第一手获取材料，为制导导弹编制程序，提供数据。我们看到拉希德饭店旁边的国际会议大厦被从上到下穿透炸毁，而拉希德丝毫没有受影响。有些高楼，从外表看只有玻璃被震碎了，楼体外观尚好，其实内部已被钻了心。美国空军大量使用的“智能炸弹”发挥了独特威力。

电力供应是战后严重问题。夜幕下，城市几乎一片漆黑。供电网90%被破坏，只剩下10%。黑市上小型柴油发电机开出“天价”，一架25000美元，令人咋舌。

流经巴格达的底格里斯河失去了往日的清晰，暗淡的河水无言地流淌着。两岸成群的椰枣林遭战争尘埃污染，枝叶零落，失去了往日的挺拔。被炸毁的大桥桥架支离，分段倾斜在河中。桥墩孤零零地，任河水冲刷。

从外表看，河水变得有些污浊，发暗，被污染的程度很高。战争中伊军为防不测，搞“坚壁清野”，把不少有价值的军用物资倾倒在河中。其中包括化学材料、煤油桶，等等。再加上美军投掷的炸弹落入河中，埋在河床下面。这河水，还能喝吗？

西方使馆用自己的设备测试，空气污染成分很高。我在对外活动中得知，美军使用了放射性材料制成的炮弹（后称贫铀弹），对人体极为有害。我突然想起，办公室窗台上，还放着我在公路上捡的“纪念品”——两个炸弹碎片。这可不是闹着玩的，赶紧把它扔到使馆外的土坑里。

我无比感叹，现代化战争，高科技运用，“智能型”武器，造就了这场为时不长的战争。指挥战争的人达到了高杀伤力的目的，缩短了战争的持续时间，但是，它的“杀伤力”“破坏力”岂能随停战争而终止。战争的破坏不可逆转，对人，对物，对人类赖以生存的大自然的破坏和污染，带有永久性。

不由得想起当年日本侵华，在中国东北建立“731细菌部队”，屠杀中国百姓，引起国人讨伐。生活在伊拉克的百姓，面对环境的污染，又能奈何？他们要喝水，要生存。住在底格里斯河两岸的百姓，还在从河里挑水，洗衣，做饭。无辜的百姓不对这场肮脏的战争负责，却要承担战争的一切代价和后果。

在拉希德饭店，巴格达的“烤鱼”还在菜单上，来到巴格达的人都要品尝这道闻名于世的美味。殊不知，底格里斯河的鱼已经被污染了。美味掩盖了“污染”，在这种生活条件下，谈“污染”，已是一种“奢侈”。

经济倒退20年

在中国，经历过三年自然灾害的人都吃过“伊拉克蜜枣”。阿拉伯半岛上盛产椰枣，椰枣林树干挺拔，顶端的树叶茂密，每当椰枣花盛开飘香的时候，椰枣就快成熟了。

伊拉克地处亚洲西部的阿拉伯半岛北端，自然资源丰富，论经济条件，在阿拉伯国家中可说得上“得天独厚”。阿拉伯世界中，盛产石油的国家不少，如沙特阿拉伯、利比亚、阿联酋、卡塔尔、阿尔及利亚等，但是，有石油资源，又有河流的国家，俗称“有油有水”，就数伊拉克了。

底格里斯河和幼发拉底河是中东最大的两条河流，两河流域冲刷形成的美索不达米亚平原占地36万平方公里。水源充足，土地肥沃，农业、牧业发达。加上丰富的矿产资源，特别是石油资源，储量占全世界已查明储量的十分之一。应该说，伊拉克是块宝地。

伊拉克复兴党执政后，按照“统一、自由和社会主义”纲领发展国家经济，取得一些成就。但是，萨达姆执政后野心不断膨胀，走上一条穷兵黩武的道路。伊朗革命成功后，输出伊斯兰革命，提出推翻伊拉克的非宗教社会复兴党政权。1980年9月，萨达姆宣布废除1975年与伊朗国王巴列维签订的条约，宣称“拥有阿拉伯河水水道的权力”，9月20日，轰炸德黑兰机场。两伊战争爆发。一打就是八年。

面对伊朗伊斯兰政权对外输出革命，海湾阿拉伯国家支持伊拉克对伊朗的战争。普遍认为，伊拉克从海湾国家得到大笔援款和无息贷款，用于和伊朗打仗。的确，萨达姆把这些钱部分用于扩张军备，另一部分用在修建基本经济设施上。伊拉克本来具有发展农业的优良条件，60年代粮食自给率很高，还有出口。但农业发展迟缓，人口增加，到了80年代，进口粮食不断增加，每年有一半粮食需进口。

海湾战争严重摧毁了伊拉克经济，比较可靠的估计是，损失在2000亿美元上下。伊拉克入侵科威特之前已欠外债，一般估计，欠外债800亿美元。仅科威特一家，伊拉克战前债务140亿美元，战后对科威特要赔偿500亿美元。

伊拉克不但还不了债，日子也是捉襟见肘。外界说，伊拉克还有私藏资金，谁也不知道，但不会没有。有消息说，萨达姆海外私人存款高达220

亿美元。战前，萨达姆发话，阿拉伯产油国（指科威特和沙特）在向我讨债，言下之意，我为你们与伊朗打仗，这笔欠债还要我还？海湾战争后，还债问题更加提不上日程。

战前，伊拉克经济在海湾地区不是最好的，但也不算差。1989年，GDP达到656亿美元，人均4000美元。打仗之后，一下子下降到战前十分之一，人均不足400美元。战后经济恢复缓慢，甚至每况愈下，1993年更下降到166亿美元，仅达1974年的水平。

石油减产98%，加工工业下降56%，农业下降23%（七个大坝被毁），财政赤字累计1667.7亿第纳尔，货币贬值高达98.6%。货币投放严重缺乏，委托英国印制60亿第纳尔，英国没有交给伊拉克政府。

我们在巴格达时，看到有美国报刊透露，中央情报局在伪造伊拉克货币第纳尔，主要是面值较小的两种。广泛流通，通过代理人和商人，从约旦、伊朗和土耳其流入伊拉克市场。这是传言，真假难知，但毕竟“无风不起浪”。

供应方面，国家只能保持47%。开始时，通货膨胀率仅为12%，后一路飙升：从42%到46.6%，1991年年末到了500%，1992年升至3000%。伊拉克货币也要用麻袋装了。

工厂开工率20%，失业人口300万。西方估计，伊拉克全国电力和通信需要5年到10年才能恢复。全国133座桥梁被炸。1992年11月，伊拉克民航停飞，经济损失60亿美元。

从国家收入看，战后每月出口石油收入为4000万美元，化工产品和其他海关统计，收入总共约6000万美元。到1992年6月，经过谈判，联合国才允许伊拉克在六个月内出口价值16亿美元的石油，以便购买食品和药品，支付战争赔偿费用。按照这个规定，每月出口石油在60万桶水平，不到战前的五分之一。为了鼓足国内士气和干劲，伊拉克石油部长公开称，伊拉克储备石油量为1860亿桶（资料记载为1104亿桶）。当然，石油储备再多，也禁不起战争“折腾”，战争把伊拉克拖垮了。

强化军队职能

中东地区能打仗的军队，伊拉克数一数二。1948年和1973年，伊拉克曾经派兵参加阿以战争。

了解伊拉克近代历史，要从复兴党执政开始。复兴党1963年上台执政，到2003年美国发动伊拉克战争，萨达姆政权垮台，整整40年。复兴党提出“重建、再生”的口号，萨达姆执政后，特别重视军队和武器装备的建设。在两伊战争前，伊拉克军队已经达到21.2万人，战争期间继续扩充军备，除了从苏联购买武器，还从法国、意大利、西班牙、巴西等国购进先进武器装备。80年代，伊拉克努力使武器生产国家化，自行研制尖端武器。

萨达姆在军队建设中，最为着力建设的，是保卫总统和复兴党高官的“共和国卫队”，后来成为最精锐的王牌部队。卫队官兵多半来自萨达姆家乡提克里特县。骨干成员是亲信或亲戚。海湾战争中，美军地面部队重点围剿“共和国卫队”。据报道，美军坦克群围堵“共和国卫队”的坦克，一辆一辆摧毁。

战后，萨达姆大刀阔斧缩编军队。从战时体制转向日常体制，取消人民军（号称800万），取消预备役，除军医、技术人员外，1963年前出生的一律复员。取消了15个师的建制，陆军从100万减至40万。取消了第七军团，保存六个军团。“共和国卫队”得到扩充，从九个师增加到10个或11个师。萨达姆从“共和国卫队”中抽调一万人，组成志愿军，保护总统府和家属、复兴党政要。巴格达驻守三个师。其他兵力驻守在石油中心基尔库克和巴士拉附近。

海湾战争后，伊拉克的总兵力保持在30万—35万人（约30个师的规模）。

从战后第一年看，萨达姆的部队没有在战争中被全部摧毁，保存了一定实力。西方认为，萨达姆的军队完全可以对付国内任何力量的挑战。北方常驻九个师，南方六个师。北方的库尔德族地区动乱，南方巴士拉一带什叶派实力武装活动，萨达姆以重兵镇压。

萨达姆继续依靠“枪杆子”支撑政权。

当年出版的英国《简氏防务周刊》一篇报道称：伊拉克仍有2300辆主战坦克，5500辆各型装甲车，1000门到2000门火炮和重型迫击炮，120架武装直升机。伊军还隐藏了50枚飞毛腿导弹，自己研制的“侯赛因式”“阿巴斯式”远程导弹。

148架飞机战时飞往伊朗，可能国内还剩下250架飞机，战争中没有使用空军。海军是全军覆没了。

为了强化统治，萨达姆派军人参加内阁。工业部长是他的女婿卡拉米将军（后叛逃至约旦，又回归，遭暗杀身亡），交通部长由战时伊军副总参谋长担任，等等。伊拉克全国18个省，八个省由军人出任省长。

我们经常在电视节目中看到萨达姆向军人授勋，奖章级别多种多样。一开始我们以为，这是精神鼓励，光宗耀祖，或是为了被授勋者更加忠于萨达姆。不仅如此，每个奖牌的背后有不同的物质奖励，高级别的免费分得住房用地，免费住房、出国旅游、出国医疗，或是给一辆高级轿车。至于加薪，不在话下。军队是社会特权阶层，一定意义上超过复兴党的地位，是萨达姆的统治基础。

顺便提到，萨达姆还有别的招数拉拢人心。比如，搞了一个“萨达姆兄弟”称号，这是一个不公开的身份，但发有证件。我们经多方了解，才知道获得这个“殊荣”者在伊拉克共有500人，经过严格手续考察后方能获得。具有称号的人来自社会各行各业，有学者、社会名流、教授、医生、教师、农场主、企业人士、工人、农民、军人，等等。他们也成了特权阶层，享受优惠待遇。无疑，他们是萨达姆的“铁杆保皇派”。至于情报特务部门，一共七个，相互制约。萨达姆的二儿子库塞就是掌管情报部门的负责人。

个人崇拜升级

在伊拉克街头到处可见的萨达姆像

伊拉克全国各地，萨达姆画像、雕塑无处不在，这是伊拉克复兴党执政的一大特色。萨达姆集党政军大权于一身，加上家族统治，是他长期统治未倒的根本保证。

萨达姆1937年出生在萨拉丁省提克里特县的一个农民家庭，是伊拉克前总统贝克尔的侄子。早年曾在开罗大学攻读法律，后参加阿拉伯复兴党政治活动，60年代跻身领导职位。1969年当选为革命指挥委员会副主席，成为仅次于贝克尔总统的第二号人物。1979年贝克尔因病辞职，萨达姆登上总统宝座，此后凭借军事实力，野心不断膨胀。自诩为阿拉伯现代“萨拉丁”，梦想成为阿拉伯世界领袖，喜欢人称他“巴比伦雄鹰”。

萨达姆喜爱的座右铭是：“革命者面临的任务永远是暴力和对抗”。他有一句格言：“盯住敌人，要比他行动更快。”

萨达姆迷信武力，自我欣赏，滥杀无辜，最终失败，一步一步走上断头台。

我陪同钱外长会见萨达姆时，感觉他外表沉稳，但妄自尊大，偏执傲慢。他虽然听你讲话，但他的想法是早就想好的，无论你说什么，他还是那一套。这不是一个能听人劝的人。他迷信武力，炫耀武力，接见钱外长——一位来自中国的外长，还佩带着手枪。甚至在谈话过程中把枪取下，放在桌子上。

钱外长会见萨达姆之后，印象是“强词夺理，不时显露蛮横之态”，是一个“打着维护阿拉伯利益和巴勒斯坦事业的有野心的冒险家”。

我们在巴格达市内，强烈感受到萨达姆搞个人崇拜的力度。听说，在一个2300万人口的国家，悬挂了4400万张萨达姆的头像。每逢有古迹需要翻新，制作新的城砖，每十块砖就有一块上面刻有萨达姆的名字或是八颗星，每一颗星代表它名字（阿拉伯文）的一个字母。

萨达姆搞个人崇拜，战后变本加厉。报刊、电台、电视台、其他媒体每天充满对萨达姆的歌功颂德。逢年过节，都要突出萨达姆的英明领导，宗教节目也不放过，报道他去清真寺做礼拜。每年4月28日，在萨达姆家乡提克里特，举办大型祝寿活动，甚至阅兵。可以说，萨达姆的形象和声音，在伊拉克无处不在。

西方媒体评论说，萨达姆自我欣赏，是自恋狂，他可以站在自己的画像前长时间地面带微笑，欣赏自己，久留不去。伊拉克有专门为萨达姆画像的画家，有的优秀画家不愿给他画像，便受到惩罚。甚至有时电视台播送萨达姆亲临他画像的展览会，兴致勃勃地观赏每一幅画像。可能，看画像比照镜子更加过瘾，因为镜子里太真实，而画像要“伟大”很多。不能否认，这种宣传产生了不小的影响。

萨达姆在海湾战争中“虽败犹荣”，一些阿拉伯人认为，敢同美国比家

萨达姆生日，在其家乡提克里特举行庆祝活动

伙的，敢向以色列发射导弹的，只有萨达姆，他可称“阿拉伯民族英雄”。

我出席过阅兵仪式，萨达姆站在检阅台上，下面列队走过的士兵向他敬礼，萨达姆连连向士兵挥手，脸上露出满意的微笑。他还经常单手举起一支步枪，朝天鸣放。他举手时间很长，好像告诉人们，我身体很健康。

西方媒体经常猜测，萨达姆患病了，不能露面了。有一次，我在电视上看到萨达姆横渡底格里斯河的镜头。萨达姆在河中时隐时现，周围有保镖游在身边。他一直游到对岸，上岸后没有更衣，穿着游泳裤同群众握手。从画面上看，他身体相当健壮，行动自如。这个场面难得一见，令西方制造的萨达姆重病缠身的谣传不攻自破。不过，使团纷纷猜测，这是萨达姆本人最近拍的吗？后来听说美国情报部门专门对电视镜头进行多项分析，确实是他本人，不是替身，也不是过去的镜头。

为避免不测，萨达姆居无定所。两伊战争时逐渐完善的巴格达的地下防空洞，洞洞相连，总统府地下通道，四通八达。在电视或报刊上看到的萨达姆主持开会的地方，背景都是一块幕布，谁也猜不出在什么地点，什么时间开的会。更不好说是不是过去的某个时间的事，甚至是萨达姆本人还是替身都说不准。在巴格达工作的使节，不少到辞行时也没有见到过萨达姆本人。和萨达姆一起照相合影留念更是不可能。会见萨达姆，绝对不允许带照相机。

萨达姆和家族横征暴敛，私人财富十分可观，据美国《福布斯》杂志公布，他的财产有70亿—200亿美元，世界排名前10名之内。

库尔德暴动

海湾战争后，伊拉克国内形势不稳。南方什叶派举事，北方库尔德暴动。

1991年4月，伊拉克外交部组织巴格达使团去北方访问。先是去基尔库克市，看库族武装破坏的市政府建筑、医院、中央商场（造价1200万美元）。下午去厄尔比尔市，库族自治区首府所在地。现场看到立法执行委员会大厦、法院、护士学校等被烧。晚间，使团在曼苏尔过夜。

第二天，使团去了达胡克，这里原是旅游避暑胜地，当时有美国大兵在此扎营。附近是伊土边界，伊拉克当局已无力管辖。

伊拉克当局组织这次参观，不外乎想说明库族暴动是反政府暴动，这是有根据的。使团在参观过程中只看不说，成员之间也不议论。当然，不会听信一面之词，人人心知肚明。如此破坏，是什么背景，隐含多少仇恨？

伊拉克的库族主要聚居于北方达胡克、厄比尔和苏莱曼尼亚三省，一部分在基尔库克市。我们在伊拉克时有库族朋友，他们来自各行各业，官员、教授、医生、律师，也有工薪人员。没看出来他们和阿拉伯人有什么区别，他们也信奉伊斯兰教。接触中，他们绝口不谈库族问题，我们完全理解。

库尔德问题由来已久，是历史遗留的跨国界问题，涉及土耳其、伊朗、伊拉克和叙利亚等国。库尔德民族大约有2000万，土耳其境内1200万，伊朗350万，叙利亚170万，黎巴嫩2万，伊拉克有400万—500万。

说起库尔德民族的由来，中国历史上早有记载。

库族在高原地区生活几千年，公元7世纪就改信奉伊斯兰教，属于伊斯兰教的逊尼派，但不属于阿拉伯民族。库族文字以阿拉伯字母为基础，属于印欧语系的伊朗语族。除了库文外，库人还用波斯文、阿拉伯文、土耳其文写作，山区的库族以放牧牛羊和马匹为生，库族织毯闻名于世，部落社会由酋长统领，土地为贵族所有。

元代称其为“曲尔忒人”。库族分布地区很广，古代称为库尔德斯坦的地区位于西亚的高原和山区，包括土耳其东部、伊拉克北部、伊朗西北部、叙利亚北部以及亚美尼亚南部。阿拉伯帝国后期，即10世纪时，曾建立过一个短暂的封建王朝。

其后，突厥人、蒙古人几次入侵库尔德斯坦。12世纪，塞尔柱苏丹首建库尔德斯坦省。16世纪至17世纪30年代，封建制度逐渐形成，至19世纪，库人在奥斯曼帝国内保持半自治状态，成为奥斯曼帝国与伊朗两大国之间的缓冲地带。

库族是伊拉克最大的少数民族，有50多个部落，1920年之前，伊拉克是奥斯曼帝国的一部分。1914年英殖民军登陆巴士拉，北上占领巴格达，1918年占领摩苏尔，库族举行反英起义，后失败。1920年伊拉克沦为英国的“委任统治地”，1921年6月，英国从麦加哈希米王室选费萨尔送到巴格达立为国王，伊拉克宣布独立。

第一次世界大战后，奥斯曼帝国被协约国瓜分，列强纷纷划分自己的势力范围。1920年，土耳其在国际占领军的威胁下，签署了色弗尔条约，放弃对所有非土耳其领土的要求。条约中有一条规定：给库尔德斯坦自治。土耳其的凯末尔上台执政后，反对色弗尔条约。1922年再度与协约国谈判，出现了对摩苏尔地区划分的争执。英国主张，这块有着丰富石油资源的地区划给由英国统治的伊拉克，土耳其反对，谈判无果而终。之后，库尔德斯坦被分割到土耳其、叙利亚、苏联和伊朗等国。二战结束后，1946年，库尔德人卡齐在伊朗境内建立了马哈巴王国。

这个王国仅仅存在了11个月，就被英美支持的伊朗王国消灭。1961年，从马哈巴王国逃亡的军队司令巴尔扎尼从苏联回到库尔德斯坦，再次起义。1963年，伊拉克政府在压力下发表“库尔德声明”，承认库尔德的自治地位，仅仅三个月后，伊拉克政府对库尔德宣战，1964年2月，双方达成停火协议。伊拉克政府再度宣布承认“库尔德族在统一的伊拉克国家中的民族地位”。过了一年多，库族再度起义，要求在一个明确划定的区域内实行自治，并保持库族军队。1970年，巴尔扎尼与伊拉克政府签订协议，规定四年内给予库尔德斯坦自治。

1975年3月，伊拉克同伊朗签订解决两国边界的阿尔及尔协定，伊朗关闭同伊拉克库族地区的边界，断绝对库族的支援。1979年4月，伊拉克当局完全控制了库族地区，加紧阿拉伯化，同时进行“焦土政策”，约700库族村落被摧毁，20万库族人被赶出家园。1980年7月两伊开战，伊朗再度支持库族的反政府活动。1988年3月，伊拉克政府对靠近伊朗边界的库族小镇哈拉勒使用了化学武器芥子气，5000库族人丧生。指挥这次血腥镇压的就是萨达姆的心腹、堂兄，前国防部长阿里·哈桑·马吉德，人称“化学阿里”（此人于2007年被起诉，判死刑，他和同僚屠杀了18万库族人）。

1991年海湾战争打响，土耳其政府同库族领袖接触，支持“解放整个伊拉克”。战后，萨达姆派出“共和国卫队”北上镇压，迫使20万库族人向土耳其和伊朗“大逃亡”。后联军设立“安全区”，库族返回。

伊拉克历届政府对库族基本政策是打压促和，给予一定的自治权利。库族要求把生产石油的基尔库克划归库族自治区，当局坚决反对。库族拥有武装，双方打打停停，库族在萨达姆铁血镇压下无法坚持武装斗争。萨达姆多次同库族谈判，无果而终。有关各国，共同点是一致反对库族独立，于是，时而联手镇压，时而利用库族问题给对立面的邻国制造麻烦。美国和西方国家原则上不同意库族独立，但伺机利用，向有关国家施压。库族领导人屡遭镇压，无法存身，去苏联或美国避难，寻求政治庇护。

世界上少数民族问题的形成，有着极为错综复杂的历史缘由。萨达姆一上台，以压为主，辅以谈判，应对库族要求独立的愿望。他镇压库族极为残酷，后来在北方发现“万人坑”，白骨嶙嶙，举世震惊！

我们去北方访问之前，萨达姆对库族地区实施封锁断粮，切断燃料供应，无所不用其极。1991年3月31日，伊军使用农用喷药向庆祝库族解放的群众喷洒硫酸，大肆镇压，造成上百万库族难民逃往伊朗和土耳其。我们“留守小组”返回使馆后，夜间听到不远处有轰鸣声，隐隐约约看见很长的坦克部队向北方开去，是去镇压库族暴动。

当时前往库族地区了解情况的联合国官员对我说，那里百姓的生活太惨了，联合国不能不过问。我认为，说到底，民族问题离不开经济利益，生产石油的基尔库克就在库族居住地，而石油利益完全由中央政府控制，地方收益很少，库族地区经济发展落后。从另一方面来说，如果大体上能够做到各得其所，民族矛盾会走向缓解，甚至根本解决。

人们对库尔德问题可能并不熟悉，我在这里讲了这么多，不外乎想说明民族问题的历史性、复杂性，不能只是停留在表面上看问题。萨达姆的政策一贯立足于加深和激化民族矛盾。当时巴格达曾有一种论调说，伊拉克民族问题等不安因素就要靠萨达姆的铁腕政策，否则国将不国。这是极不负责任的说法。曾有一位资深的非洲国家大使，我的一位好朋友，对我说：世界上有两件事情是不可改变的，一是历史，另外是土地。套在库族问题上，我看也是这个道理。

炼油厂被炸

伊拉克外交部组织使团北上旅行。到了基尔库克市，带我们去看被炸的石油设施。这里，我一直想来看看。

伊拉克是中东石油生产大国，1921年最早发现的油田就在基尔库克，占地300平方公里，油层为第三纪石灰岩。20世纪70年代大举开发，竖立了50口油井，日产达到12万吨，平均单井日产2400吨。

伊拉克石油资源丰富，而且油质较高，含硫量低，仅为1%—3.2%。根据1993年官方公布的数字，全国已探明储量为1125亿吨，约占世界总储量10%。油田主要分布在南、北鲁迈拉油田（约为480亿吨）和北方的基尔库克油田（约540亿吨）。分布在全国各地还有大小不等的油田，如马季农油田等。首都巴格达附近也有油田。

我们也曾经访问南部的巴士拉，看到伊拉克和伊朗争夺的河道。但是那次访问很短，当局没有安排去看油田和炼油设施。位于南部的鲁迈拉油田跨伊科两国边界，下面有很大的油池，储量极为丰富。油池由北至南，向南部倾斜，成为盆状，科威特境内的油田（称拉夫赫油田）正好在盆的底部，伊拉克油田则在盆壁。拉夫赫油田储油量高达6亿吨。海湾战前，科威特利用尖端技术加紧开采，而无论怎样开采，储量不减。伊拉克对此十分恼火。这就是海湾战争之前萨达姆经常说到的“有人在偷窃伊拉克的石油”，居然以此为由，占领科威特。

海湾战争时期，联军对油田发动250次空袭，造成损失约60亿美元。

伊拉克基尔库克炼油厂被破坏

战后伊拉克当局下大功夫恢复石油生产，到1992年6月底，有90%的石油设施得以恢复，炼油能力恢复到85%，可以日出口58万桶。开战前封锁时期是70万桶。入侵科威特之前，日出口一直保持在350万桶水平。

访问基尔库克时，有一个地方是一直想去看看的，那就是遭到美军空袭的一座炼油厂。从外观看，炼油厂高大的框架被炸得东倒西歪，厂房毁坏相当严重。就在我们走在厂房废墟中的时候，一位使节跟我“咬耳朵”，低声说，你看到没有，这个炼油厂表面被炸得相当厉害，可是并没有“伤筋动骨”。

这位使节可能是内行，他指了指那些设备说，稍加修复即可使用。此时，我想起在海湾战争连番轰炸中，联军的主要目标并没有包括油田、炼油厂和输油管道。即便炸些外壳，也不予彻底摧毁。否则就违背了这场战争的最终目的，美国需要的是石油战略利益，而不是一个完全没有能力再生产石油的伊拉克。

我也想到“投鼠忌器”。“器”，石油也。战后，伊拉克的石油不仅为了养活自己的百姓，有消息说，美国在伊拉克很快就恢复的石油生产中获利，从伊拉克方面进口的石油甚至超过了从科威特的进口。还有消息说，美国还觊觎伊拉克的石油资源，战争的每一个部署都是为了今后的长远利益。

一次记者招待会上，有记者向当时的国务卿奥尔布赖特提问，是否从伊拉克进口石油，奥尔布赖特回避了这个问题。

海湾战争对伊拉克石油工业的破坏确实没有“伤筋动骨”。战后伊拉克比较快就恢复了石油生产和冶炼，安理会允许伊拉克“以石油换食品”计划得以实施。伊拉克通往西部约旦、北部土耳其的油管很快就恢复使用了。

可怕的“贫铀弹”

有一句话说得好：战争可以短暂，伤痛必然久远。

海湾战争期间，美军向伊拉克投下各种炸弹，其中，94万枚贫铀弹，总计当量3200吨，摧毁伊拉克上千辆T-72坦克。战场上打击对象应该是对方的军力和装备，但投掷“贫铀弹”伤害到了伊拉克的人民，污染了环境和大气。

什么是贫铀弹？它是采用分离浓缩铀之后产生的大量下脚料制造而成的，主要成分是低放射性的铀238。贫铀弹以高密度、高韧性的贫铀合金做弹芯，穿透力很强，是钢的二倍以上。“铀”属于高密度物质，燃烧生成物，具有放射性和毒性。铀氧化物燃烧之后，烟雾可传至40公里以外或更远。粉状物落到地面，渗入土壤，通过空气、河流向周边扩散。粉状物被人吸入或经过细小伤口进入人体，容易引发包括白血病在内的许多癌症和肝脏、神经系统疾病，还能引起孕妇流产，新生儿畸形。

“裸手”解除接触贫铀物质，在80小时内即可出现皮肤病变。贫铀弹爆炸后产生的放射性威力对水源和土壤造成的污染，直接危及饮用水链和食物链。其半衰期长达数十年、上百年。

美国在20世纪50年代研制这种武器，70年代装备部队。1994—1995年波黑战争中，美国共使用10800枚贫铀弹，1999年在南联盟78天轰炸中投下31000枚。至今美国否认贫铀弹对人体的危害。

战后我们返回巴格达有思想准备，要应付环境的污染，但并不知道美军投掷了贫铀弹。巴格达的西方使团心中有数，特别注意环境污染，有的使馆自测空气污染度，对饮用水和食物格外小心。

在这个问题上，使团“内紧外松”，平时多回避谈及，担心给人们造成恐慌。

在巴格达，伊拉克朋友也不愿谈及此事，这是一个让内心流血的、悲痛欲绝而无可奈何的话题。战后，伊拉克各地都有报道，尤其是南部，癌症患者大量增加，出现症状不明的怪病。祸首就是美国的贫铀弹。南部地区空气、土壤和水源都受到不同程度的污染。伊拉克卫生部发布的报告指出，战前（1989）伊拉克癌症患者6555人，到1997年增加到10931人，死亡者多数为儿童。患有贫铀弹后遗症的孕妇，生出的新生儿患有先天性的血癌或残疾，或是畸形儿。

有统计指出，战后10年，伊拉克南部地区的白血病、恶性肿瘤和其他疑难病症，发病率比全国平均高出3.6倍，孕妇流产率是过去的10倍。

伊拉克当局向联合国安理会提出诉求，讨个“说法”，强烈要求调查。2001年8月，世界卫生组织代表团同伊方磋商，带了一些设备，走了过场，不了了之。之所以如此，代表团团长说，我们没钱，言下之意是没有获得调查的经费！

贫铀弹是把双刃剑，你在战场用它打敌人，有辐射一旦发生，不分你我，美军一样受到污染辐射。战后，国际舆论对美等联军士兵患病的报道不断。法国报刊报道，1993年有4000名美国老兵患有无药可治的怪病。后来又有曾在海湾战争作战的5万名美国老兵抱怨患病，经常发生疲劳，头痛，肌肉关节疼痛，健忘，胸痛，失眠，咳嗽，皮疹，肌肉、关节疼痛，肠胃病，腹泻，等等。美国人对这些病症称之为“海湾战争综合症”。美国研究机构没有排除贫铀弹造成这些疾病，但闪烁其词。

英国研究机构的结论是，参加海湾战争的士兵比没有参加的士兵显示出更多的病症。奇怪的是，关于贫铀弹议论由来已久，安理会也关心此事，美国会议员曾进行调查，国际媒体也不时发出报道。但海湾战争结束20年了，有关当局没有对此事做出任何负责任的调查或结论性意见。

尤其值得注意的是，美军还在使用贫铀弹，此物现身在利比亚战火之中。究竟为了什么？我看，对美国来说，对贫铀弹的结论越模糊越好，不能搞清楚，因为，它在战场上的杀伤力很大，造成长效破坏，是战争的利器。

若干年后，我看到报上一则消息："海湾战争结束十年来，伊拉克投入大量人力物力，清除、引爆多国部队遗留下的地雷和导弹，数以万计的地雷和导弹仍然威胁着伊拉克人民的生命安全。"

战争的痕迹，留在土地上，留在人们心中。

科威特遭劫真相

在巴格达，有一家不对外的"高档商店"，里面的商品有高级洋酒和香烟，高档服装、鞋类，照相器材，等等。使团朋友说，那些东西都是从科威特抢来的，现在伊拉克经济困难了，把从科威特超市抢来的东西开始变卖了。在巴格达市区的"跳蚤市场"，也能见到大兵在出售"赃物"。

伊拉克占领科威特总共七个月。科威特国家和人民遭遇到前所未有的疯狂掠夺和灾难。

1990年8月2日凌晨，伊拉克大军越过边界，只用一天时间，就占领了科威特全境。600多名科威特军人被俘，2.2万人被伊军关押、拷打。上千平民百姓在枪林弹雨中丧生。王室仓皇逃离，前往沙特避难。

有报道说，在1.7万多平方公里的国土上，伊拉克占领军设立了20多处杀人行凶的场地。

占领军使用电钻残害被捕平民，有的被割掉肢体器官。伊军大肆抢劫，进入办公大楼、医院、工厂、仓库、民宅掠夺财物，70%的超市被洗劫一空。博物馆文物也未能幸免。

科威特是富国，富裕阶层拥有金银财宝、高级油画、波斯地毯、高档电器。眼见为实，我曾经陪同姚依林副总理访问科威特，出席大商人的晚宴。

餐具镀金镀银，刀叉拿到手里好沉，第一次看到这么贵重的餐具，真是开了眼。墙壁上的油画都是真品，全部出自名家，每张油画价值连城。伊军岂能放过这些富商?

战争后期，萨达姆顶不住了，下令火烧油井。科威特本土和中立区内共有1564口油井，运作出油的1313口，被烧和破坏的油井1157口，占74%。据统计，损失了15亿至20亿桶原油，占总储量的2%。被点燃的油井升起冲天大火，黑色浓烟滚滚，浓烟从地面11英尺上升至16000英尺，天空被黑烟笼罩，不见天日。对大气的污染面积是空前和罕见的。浓烟一直飘到土耳其北部、埃塞俄比亚西部；中国东部、印度南部、美国部分上空均受到影响。烟雾中高含一氧化碳、二氧化碳等多种有毒气体。海水海面污染，海洋生态被破坏，鱼类鸟类(97%)大量死亡。

我家里存有一个画册，是科威特战后出版的，记录了伊拉克的侵科罪行。只见油田大火熊熊燃烧，浓烟滚滚，海里的鱼和空中的鸟，身上就像涂满了黑色的油漆。让人触目惊心。

从1991年2月伊拉克点燃科威特油井，到同年11月，大火一直在727口油井上燃烧，难以扑灭。科威特王室花费15亿美元请来自28个国家的专业灭火队参与灭火。由于大量原油外溢，地面成了油浸沼泽，各种方法难以奏效。到了9月份，仅仅扑灭了360口油井。这时，中国四川石油公司灭火队的63名工程人员受邀到科威特第二大油田巴尔甘油田，很短时间内灭火10口油井，建立了奇功，为中国争得了荣誉。

战后科威特赶紧扫雷，伊军埋下的地雷不计其数，一项扫雷费用，科威特花掉80亿—100亿美元。科威特直接战争损失估计600亿美元；偿还美军“沙漠风暴”债务200亿美元。战前科威特原油日产能力250万桶，到1991年6月20日首次恢复出油。但是，战争耗费了科威特的储备资金，战前科威特每年以10%的收入投资海外，已达1000亿美元，海湾战后，减少到350亿美元。

科威特一直要求寻找在海湾战争中失踪的百姓，称伊拉克曾经强行带走600名科威特人，关押在伊拉克，始终下落不明。

“猫捉老鼠”游戏

根据联合国687决议，联合国派出核武、化武、导弹、生物、特别项目等60多个核查小组，检查伊拉克战后的武器状况，特别是核武器和生化武器。

我们在巴格达经常听说国际原子能机构小组又来了，有时，也能在招待会上见到个把官员。这个小组来了，那个小组走了，就像“走马灯”，成了巴格达新闻和使团关注的焦点。

日子久了，我们看出来了，萨达姆的策略是玩“猫捉老鼠”游戏：能藏就藏，能躲就躲，虚虚实实，和联合国周旋。

联合国有关核查的项目很多，内容繁杂，一切检查费用由伊拉克负担。自己出钱，让人“搜身”，也算《天方夜谭》的一个“新故事”吧。

我们在机场经常看到联合国的核查小组出来进去，成员由各国组成。这些人被称为“专家”，无疑中间有披着专家外衣的“特殊使命”人员。伊拉克当局心知肚明，但无可奈何。

各种核查之中，伊拉克是否藏有核原料和化学生物武器应该是核查的重点。根据外电报道，调查组认为，伊拉克曾经使用三种方法秘密搞浓缩铀，即电磁同位素分离法（1945年美国使用该法制造投放广岛长崎的原子弹）、离心法、化学浓缩法。这些项目只能是非和平用途。

原子弹所需要的核炸药是铀235和钚239。铀235在天然铀中含量不足百分之一，其余多数铀是238，钚239在自然界中几乎不存在。铀235和钚239也是核电厂的燃料，在国际上可以买到，但浓缩程度很低，不足以制造核弹。一定意义上讲，核原料是用于和平还是非和平目的，恐怕也是一步之遥的事。

我们同个别专家有些接触，他们感到对伊拉克留下的有关核的东西感到震惊，认为伊拉克的核工程师堪称世界级水平。

西方和苏联早就知道伊拉克一直在研制核武器。以色列于1981年6月7日轰炸伊拉克反应堆。战前，伊拉克以月薪1万美元，为期五年，雇佣50名苏联核能专家（据说他们在国内月工资25美元）。1991年7月，伦敦媒体揭露，一份官方文件显示，包括铀和钚等重要材料，获准从1987年1月至1990年8月5日输往伊拉克。

还有消息称，英科学家研究了英贸易工业部的清单，上面有可以用来制造毒气的化学品和制造穿甲弹所需的材料，但是否已经运往伊拉克不详。出口申请获得批准之前，有包括外交部和国防部代表的多个部门官员审批。令人玩味的是，伊拉克政府公开致函国际原子能机构，“希望保证伊拉克材料的安全”。信件中透露了伊拉克核材料和核设施的型号、数量和部署地点。承认伊拉克拥有552公斤的核材料，其中包括约140公斤的浓缩核材料。海湾战争爆发前，伊拉克当局转移了这些材料，以免发生意外。

国际机构官员对伊拉克列出的核设施数目（共24项，拥有12—13公斤纯度为93%的浓缩铀，27公斤纯度为80%的浓缩铀）大为吃惊，说这些核材料足够用于制造一个核弹。

国际原子能机构对伊拉克共进行22次核查，结论是，发现三个“缓慢的铀浓缩计划”以及处于试验阶段的“钚分离计划”，25台电磁分离器，2000钛离心式铀浓缩机（伊拉克自己申报200台），浓缩铀深度为93%，还拥有少量浓缩铀和钚。1992年年初，伊拉克承认曾经有庞大的核计划。

国际原子能机构认为，查明的计划能力为年产4枚原子弹。已经查明的核设施已被销毁，无法使用，但需要长期对伊拉克监督。

关于化学武器：伊拉克承认拥有14万件已经填充和尚未填充的化学武器，590吨填充剂，3500吨化学前体原料，以及穆桑那的化武生产联合企业，三个位于法鲁加的化学生产基地。

关于弹道导弹：伊拉克从苏联得到819枚“飞毛腿”导弹，后经过改进提高射程。销毁了151枚导弹、19个移动式发射架，摧毁用于“飞毛腿”导弹的76个化学弹头和113个常规弹头、130个导弹仓库和其他50个固定发射台。

此外，伊拉克还曾重金购进并安装了一台“超级大炮”，未装配完成的两门350毫米和两门1000毫米的“超级大炮”组件。关于生物武器，发现伊拉克进行先进生物武器研究计划，但未投产。检查了150个未宣布的生化武器存放基地。

联合国武器核查负责人布里克斯（瑞典人）率领的核查小组，对伊拉克进行了400多次核查，检查一律在事先并未通知的情况下进行，涉及300多处核查地点。我们天天在电视上看到联合国核查组调查进进出出，翻箱倒柜，查个底朝天。文件、纸张撒满在地，伊拉克官员呆呆地、毫无尊严地站在一边。根据联合国决议，调查小组可以在任何时候去任何地方，伊方不得阻拦，有的小组甚至提出要检查萨达姆官邸。

1992年7月，由美国少校军官率领的化学武器调查小组来了，提出去伊拉克农业部大楼搜查，遭拒绝。双方僵持几日，事情闹到联合国。

我和使团应伊拉克外交部邀请去了农业部大楼。在现场的伊拉克官员说，政府机关是国家主权的象征，未经允许不得入内。或许，伊方真的在农业部大楼藏了什么，我们又看不出来。伊方不外乎想向国际表示，美国欺人太甚，伊拉克要有所表示。

萨达姆玩的是两手把戏，不可能把剩余武器，尤其是敏感性极强的核武和大规模杀伤性武器和盘托出。

有时，“猫捉老鼠”的游戏玩大了，闹得不可开交，联合国施压，美国出动战斗机空袭伊拉克有关设施和工厂，萨达姆就老实一些。经过多年的核查，应该说伊拉克的尖端武器基本被销毁了。人们说，萨达姆已经成了“没有牙齿的老虎”。

有一位联合国官员对我说的一句话，我至今记得。他说，“你可以拿走伊拉克的核资料，销毁核材料，但是，核技术就藏在伊拉克科学家的脑子里，这些东西是拿不走的。只要这些人在，核查是查不完的”。

我不厌其烦地唠叨核查伊拉克武器的事情，用意在于，一是想说明海湾战争结束后，伊拉克的武器库里还留下什么家伙；二是想说这些东西都是哪里来的。此一时彼一时，当初卖给萨达姆武器的人赚足了钱，如今又煞有介事地反过来翻萨达姆的老底，惩罚他，玩弄他于股掌之上。事实表明，美和西方在这个地区的战略利益是第一位的。从这点出发，出售伊拉克武器和核查伊拉克武器都是政治需要。当初伊拉克购买武器的大背景，是美苏争霸中东，两伊开战，美国支持萨达姆抗击伊朗霍梅尼政权输出伊斯兰革命。海湾国家不惜代价支持萨达姆。

年纪大些的人们可能还记得，就在两伊战争期间，1985年，美国拉姆斯菲尔德以里根特使的身份访问巴格达，萨达姆亲切接见。美国特使表示，将向正在与伊朗交战的伊拉克提供“足够的军火、情报和军事援助”。两伊战后，萨达姆利令智昏，侵占科威特，成了美国在海湾地区的心腹大患，美国反过来将其打翻在地，再踏上一只脚，让萨达姆动弹不得。

萨达姆错误估计形势，被美国利用，咎由自取，直到走上绞刑架。

2006年11月7日，美国举行中期选举，不早不晚，就在两天之前，伊拉克最高法院宣判对萨达姆处决。布什迫不及待，抢在中期选举前，用萨达姆之死为共和党拉票，真可谓“用尽”萨达姆的“剩余价值”。

中国军事观察员

战后，伊科两国重新划定国界，“687号决议”要求成立的伊科划界委员会于1991年5月成立。经过一年工作，1992年5月委员会结束工作，宣布新的划界，但遭到伊方反对。鉴此，安理会于1993年5月通过“833决议”，重申划界委员会关于边界标定的决议是“最后定案”，要求伊拉克遵守。划界工作完成后，科方于1993年开始沿边界修筑城墙、壕沟，以防伊拉克进犯，但边界冲突不断。

其间，为确保边界划定工作顺利进行，联合国曾于1991年4月17日开始在伊科边界非军事区建立边界观察团。观察团由33个国家的1440名武装和非武装人员组成。经过两年多的观察，划界委员会工作于1993年5月12

日全部结束。

联合国安理会于1993年12月又向伊科边界增派了一个装备精良的机械化步兵营（775人），以维护边界安全，并授权步兵营可以武力解决边界冲突。

根据联合国“687决议”，中国向伊科边界派出了军事观察员。这是中国第一次向国际派出军事观察员，意义重大，标志着中国军事人员参与了国际冲突地区多国联合观察工作。这对中国军队学习掌握境外工作经验是个大好机会。至今，中国已向20个国家派出1.8万人的维和部队，受到联合国好评。

当年，安理会五大常任理事国各派20名观察员。总负责人是奥地利少将，地区负责人是巴基斯坦人，准将。第一批300人，60人在总部，240人在非军事区，前苏联观察员负责伊拉克一侧，中国观察员负责科威特一侧。

伊科边界约200公里，科威特一侧非军事区为五公里，伊拉克一侧为10公里。边界分为北中南三段，每区有六个观察哨所，共18个。北区靠近公路，条件好些，中间位于南部沙漠地带，南部在战时是“萨达姆防线”，埋设大量地雷。军事观察员任务是陆地巡逻，空中直升机按时段观察。

中国观察员1991年4月29日抵达上岗。1993年中国驻伊拉克使馆曾接待休假的中国观察员，他们很能吃苦，认真完成任务，第一手地了解了国际观察员的情况。他们说，伊拉克和科威特先后在边界都建立了自己的警察哨所。在炎热的天气（40—50摄氏度）和沙漠环境中工作，对中国军人是艰苦的锻炼，吃不好，喝不好。不过，当地人对中国军人都很友好。

听中国军事观察员说，令人心酸的是，在边界靠近伊拉克一侧，有些贫苦百姓为了生存，冒死亡危险偷偷地去挖地雷，寻找遗留武器，用来换钱。一个“反坦克雷”可卖上50个第纳尔。有时，一天之内，来挖雷的百姓有16个人被炸伤，八个人被炸死。这是战争给老百姓带来的“死亡交易”。

走马观花看古迹

不了解过去，认识现在就缺乏根基，失去连贯性。看看伊拉克久远历史沉淀下来的痕迹，对打开思路，了解这个多灾多难的民族和国家会有些帮助。

伊拉克地处底格里斯河和幼发拉底河两河流域，人类文明的发源地之一。

公元前，两河流域最早出现城邦国家。公元前2000年，先后建立了巴比伦王国、亚述帝国和后巴比伦王国。公元前550年（中国春秋末年）为波斯帝国所灭。公元7世纪被阿拉伯帝国吞并。16世纪到20世纪初叶，为奥斯曼帝国统治。1920年沦为英国“委任统治国”。1921年8月宣布独立，成立伊斯兰王国。

古代巴比伦（想象图）

二战后，美国势力渗入伊拉克，1951年美伊签订“第四点计划协定”。1954年美伊秘密缔结军事协定。1955年美英迫使伊拉克同土耳其签订“伊土条约”。随后，英国、巴基斯坦和伊朗加入，组成“巴格达防御条约组织”。1957年伊拉克接受“艾森豪威尔主义”，1958年2月伊拉克同约旦组成“阿拉伯联邦”，费萨尔为联邦元首。1958年7月4日卡塞姆推翻王朝，成立共和国。

“巴比伦文化”非常辉煌。巴比伦是已知历史最为悠久的古代东方国家。大约公元前4000年，居住在该地的苏美尔人已经有较发达的文字——泥板书（呈尖劈形，形似木楔，因而被称为“楔形文字”，多刻在砖头、泥板和石板上）。巴比伦第一个王朝约始于公元前1894年（中国夏朝时期），第六位国王是人们耳熟能详的汉谟拉比。他建立了中央集权专制制度，颁布了人类现存的古代第一部比较完备的成文法典——汉谟拉比法典。后经过四个王朝，公元前729年，亚述人灭汉谟拉比王朝。

公元前626年，迦勒底人占领巴比伦，建立新巴比伦王国。尼布甲尼撒二世为国王。这时，巴比伦王国达到鼎盛时期，存在了88年，又被并入波斯帝国。苏美尔人发明了太阳历，一年分为12个月，全年354天，并发明闰月。把一小时分为60分钟，以七天为一星期，还发明分数、加减乘除运算和一元二次方程，发明10进位法和16进位法，把圆分为360度，并计算出圆周率π近似于三。

有关“诺亚方舟”的故事也出于巴比伦神话。一位国王在梦中见到了神，神告诉他要发洪水，淹没大地。国王制造了方舟，漂泊七天，停在山边，大地的生命重新开始。圣经中的“诺亚方舟”故事源于此。“方舟”在洪水中漂浮时，诺亚放出一只鸽子，鸽子衔着一片新的橄榄叶飞回，告诉诺亚洪水已退，万物恢复生机。后人就把“鸽子”和“橄榄枝”作为和平的象征。

巴比伦的遗址，从1899年开始发掘。据说，这里由于适合人类居住，是圣经中伊甸园的原型。传说亚伯拉罕在这里进行过祈祷，伊斯兰教徒、犹太教徒都到这里朝圣。

巴格达是《天方夜谭》的故乡，《一千零一夜》和《阿里巴巴和四十大盗》的故事，中国的孩子都很熟悉。在巴格达街上，我看到了《天方夜谭》故事的雕塑。关于巴格达城市的雕塑，我们经历它们的兴衰厄运，以后再谈。

“巴比伦”遗址“巴比伦狮”

还有一个故事值得一提：国王尼布甲尼撒在位期间，率兵攻打叙利亚，出兵巴勒斯坦，占领了耶路撒冷，灭犹太王国，之后强迫犹太人迁居巴比伦当奴隶，成为巴比伦之囚。近代有一首流行歌曲名叫“巴比伦河”，讲的是犹太囚徒们思念家乡扎因（ZION），即现在的以色列所在地。

伊拉克的历史不逊于中国，俗话说，中国上下五千年，伊拉克也有悠久的历史。在巴格达常住，总想去看看名胜古迹。我们向伊拉克外交部发了照会，“使馆官员拟去参观名胜古迹，请予准行”。因为明确写上是大使带队，伊方很快复照，准行。

大家怀着好奇、愉快的心情，满怀对这个古老国家的尊重走出馆舍。

第一个参观点，是巴比伦“空中花园”。大家乘一辆中型日产“考斯特”面包车，加足油，带上干粮和饮水，一大早出发。离开城市向南，奔向巴比伦省，不久抵达。迎面见到的是类似中国的城墙，城门洞两旁墙上刻画类似虎豹走兽（经过现代整修）。但这不是我们想象中的“空中花园”。走进门洞，登上城楼，才知道上面有面积不小的荒芜的平台。城墙上面宽度相当大，像是道路，平坦。

根据记载，“空中花园”是国王尼布甲尼撒娶了美丽的公主米提斯为王后，米提斯受到国王宠爱，但她患了思乡病。她的家乡远在波斯，那里山峦叠翠，花草丛生，而巴比伦是一马平川，毫无秀色。国王在宫中建造梯形花园，层层种上奇花异草，院中开辟山间小路，道旁潺潺流水。花园中央又修起一座城楼，耸立在空中。由于花园比城墙高，远处望去，好似悬挂空中，故名。

过去的王宫在城市中央，城市规模壮观，呈方形，每边长22.2公里，城墙高约8.5米，用砖砌成，外面浇上油漆。四匹马拉的战车可以在宽阔的城墙上奔驰。全城有100扇用铜制成的城门，城墙周围还有护城河。近代发现，当年巴比伦铺垫用的材料就是从地下挖出的油块，现代称之为“沥青”。就是说，伊拉克地下有石油资源，柏油马路在巴比伦时代就有了，地下藏油如此丰富，一挖就有。

看完巴比伦古迹已过中午。赶紧前往伊斯兰什叶派圣地卡尔巴拉。卡城距巴格达南100公里，城内居民全部是什叶派，大小清真寺100多个。相传先知穆罕默德的两个儿子侯赛因和阿巴斯于公元680年在这里遇害，城内有二人的陵墓。

我们是外交官，未经岗哨检查，进了城。两处墓地均有鎏金大拱顶，阳光下熠熠生辉，气派非凡，体现出伊斯兰精美建筑艺术。寺内大厅由玻璃建成，大型水晶灯吊顶。我们是非穆斯林，不得进入清真寺祈祷大厅。

欣赏城内各处的清真寺建筑艺术，寺内围墙多是蓝色，大门呈拱形，墙上端刻有古兰经经文，下方图案对称。“宣礼塔”有两种，一种是鎏金

巴比伦“空中花园”外墙狮子

的，一种可能用玻璃做塔面，也闪闪发光。我在阿拉伯国家看到各种清真寺，国内北京、西安和泉州的也看过。论建筑艺术，卡尔巴拉的清真寺首屈一指。

这里说明一下，什叶派的发祥地，第一代教长哈里发·阿里的基地就在纳杰夫城。阿里是穆罕默德的堂弟和女婿，公元661年被哈瓦里教派信徒刺死于纳杰夫附近的库法，其陵墓在纳杰夫。

这里还有一段故事：伊朗伊斯兰革命的领导人霍梅尼当初因反对国王巴列维的“白色革命”而被捕入狱，后被流放国外14年，从1965到1978年，霍梅尼一直在伊拉克的纳杰夫避难。1978年，萨达姆对霍梅尼说，“你该离开伊拉克了”。

伊斯兰革命在伊朗成功后，次年发生两伊战争。纳杰夫市距离巴格达160公里，因为时间关系，我们未能前往参观。在附近有座古城堡叫乌海达尔，建于8世纪，占地2万平方米，城内房屋交错，很奇特，看不出名堂，像座迷宫。从建筑风格看，是伊斯兰式样。这里气候极其干燥，多风沙，多年风吹日晒，古迹存留不多，只见到拱门和大厅的残垣断壁，泥土建筑。

再走20公里，见到椰枣泉，有四个地下泉眼，呈蓝色，是硫磺泉。附近有个不大的“古堡”，内有地道，据说是“阿里巴巴和四十大盗”的藏宝处。我们见到的只是一片黄色废墟，是不是“四十大盗”藏宝处，那就“信不信由你”了。

伊拉克北部，尼尼微省哈德尔处，有一座著名的古代希腊建筑艺术宫殿遗址。那次参观，是伊拉克外交部为使团去北方参观时经过这里。使节们议论，两河流域一带，远古时期就有地中海沿岸的西方人留下的文化。地区文化交融，你中有我，我中有你，同属人类古代文明。伊斯兰教文化是从公元7世纪开始，此前，一个种族，一个朝代，都带来一种文化。透视古迹，可以大体了解古代的地缘政治对今天潜移默化的影响。

后来，使馆趁国庆假期，专门组织参观哈德尔。这天，蓝天白云，晴空万里，虽然入秋了，天气还是很热，穿T恤衫足矣。车子开了一个上午，11点多才抵达哈德尔。据记载，公元前3世纪，马其顿亚历山大占领期间，有

在伊拉克北方古迹前

大将塞琉古一世建立王国（中国史书称“条支”），修建了宫殿，公元三世纪被烧毁。宫殿相当宏伟，由巨大石块砌成，呈黄色。宫殿分为两层，外墙壁主门两侧均为拱形门洞，可能是窗台。大门和窗台两侧是类似中国人大会堂楼外的立柱，典型的罗马式建筑风格。墙壁上有浮雕，五官端正的人脸。上端有洞，洞内的浮雕是两个站立的人体，似一男一女。令人惊奇的是，我们看到骆驼浮雕，有的站立，有的卧地，还有小骆驼，在母骆驼下面吃奶。看来2000年前，骆驼就是家畜了。

我想，当年秦始皇的阿房宫是否也会是这个样子呢，也是座雄伟的建筑，当然不会有希腊罗马的建筑风格了。另外一侧，宫墙外有一个站立的女性雕像，头戴高高的帽子，手提裙带，目视前方，颇有些姿色。不知是否是发掘出来的原型，或经过修复，如是原型，同西安的兵马俑的年代该是差不多的。

附近一处古迹，我们看到了著名的带有双翼的“人头牛身”雕像，精美的石板雕刻（英美考古学家于1845年发掘）。人头牛身雕像高六米左右。我离任时，外交部转给我一件说是萨达姆送给中国大使的一副小壁毯，上面就是这幅雕像。由于当地盛产石材，一些大块的石材上面雕琢了楔形文字。

返回巴格达的路上，我们在萨马勒看有名的“转塔”。“萨马勒转塔”

是伊斯兰著名建筑。公元836年，哈里法·塔西姆从巴格达迁都于此，修建星期五大清真寺，寺内建塔，阿訇站在塔顶，召唤穆斯林前来做礼拜，国内称"宣礼塔"。塔形呈螺旋状，塔身砖结构，底盘大，塔身旋转向上，越往高处塔身越小，塔身外横断面是台阶，有三米多宽，沿坡而上。靠内侧塔身，有手扶的栏杆（看来是后人加上去的，为了安全），外侧则没有栏杆。

到了塔前，大家争先恐后往塔上爬。我不行，有恐高症，壮着胆子上了塔，还没爬到第三层，往外一看，空空如也，有点晕，赶紧抓住内侧栏杆。定定神，算了，还是回头为好。下了塔，看游人悠闲信步登塔，好不让我羡慕。塔顶端是阁楼，我看到窗口有人向下招手，定睛一看，是夫人李中，我只能甘拜下风了。据说古代有人骑马登上塔顶，绝对是"英雄之举"。

天赐两河流域的肥田沃土，养育了人类始祖，成为人类文明发源地之一。但从某一点看，这里又是古代的战场，不知打了多少仗，各族之间抢占地盘，分疆裂土，造就了帝王英雄，但厮杀不断，流血不断。胜者为王侯，败者为贼，多少生命化为粪土，自古如是。人类文明和文化随着时代交替，变化，演进。人类历史在一定意义上就是战争史，和平是两次战争之间的和缓期。人类创造了文明，又在战争中毁坏文明。伊拉克不就是鲜明的例证吗？

历史不会停滞不前。历史的文化沉淀，对后代，尤其是领袖、领军人物，会不会产生影响？基于我们在伊拉克工作几年的肤浅认识，主观地认为，答案是否定的。不用说久远的故事，仅从奥斯曼帝国解体后，英殖民主义在这里的扩张，二战后美在中东的谋略和渗透，可以看出这里的近代史包括伊拉克在内，充满英、美、前苏联等大国争夺资源和势力范围的尖锐复杂斗争。

我在巴格达的一位朋友，一位资深的常在阿拉伯国家工作的外交官，他对我说，如何才能客观了解阿拉伯国家的社会和政治，你必须在这个国家待上几年，然后离开它几年，从里看，从外看，也就是从两个角度看，才能看懂这个国家的来龙去脉。了解中东，不能脱离大的国际背景，尤其是产油国。就国内来说，有仁人志士、革命者、民族主义者，企图改变外国强

在北方古迹前同伊拉克儿童留影

权强加于这个国家的历史进程，有的领导人也想当今世的英雄、救世主。“时势造英雄”，也给政治野心家提供了机会。萨达姆就是在这一背景下产生的人物，他一旦站稳脚跟，就独掌大权，对外扩张随之开始，甚至不惜打着阿拉伯民族复兴、解放巴勒斯坦的旗帜，妄想当现代萨拉丁。

萨达姆认为，自己也是出生提克里特，是现代萨拉丁，把国家变成战争机器，对外扩张，两伊战争刚刚结束就出兵科威特，给美国提供了难得的扩大在中东海湾势力范围的机会。萨达姆把伊拉克拖进战争，使人民陷入苦难，罪行难恕。

新版“巴格达窃贼”

巴格达是座古城，建筑风格多半是阿拉伯式的，很少高楼大厦。街道上伫立许多雕像，可以说是城市特色之一。在城市众多的雕像群之中，摆在最为显赫地位的，当然都是萨达姆的雕像。递交国书时，进入到总统府大门前的共和国广场，那里有一座大型半身青铜雕像，萨达姆头戴钢盔，面容严峻，目视前方，雕像名为“勇士”。市中心还有一座青铜雕像，萨达姆骑在骏马上，右手持宝剑，刺向前方。巴格达市内三座标志式纪念碑，一座是纪念两伊战争的“凯旋门”广场，另外两座是无名英雄纪念碑和烈士纪念碑，都建造于20世纪80年代。

巴格达“胜利之手”

值得一提的是，“凯旋门”广场的纪念碑造型十分独特，除了两个巨大的心形园盖建筑物外，伫立在大门口的是“胜利之手”。两只大手持两柄长剑，在一个大手的拇指上，刻上的是萨达姆的拇指印。外国建筑师修建纪念碑的时候，取了萨达姆的指纹。听说，伊拉克战争之后，美国人抓捕萨达姆，在地洞中抓到了。为了鉴定是否是萨达姆本人，特别调出他当年留下的指纹进行指证。萨达姆给雕塑家留下指纹的时候，恐怕做梦也不会想到，它在若干年后的用途吧。

除了萨达姆的雕像，在巴格达的大街、广场、市中心，伫立着许多精美的历史人物雕像。雕像上人物的名字，多半叫不出来。当地朋友告诉我们，伊拉克百姓酷爱艺术，美术家、雕塑家很多，有职业的，也有民间的。他们为历史上的民族英雄、名人学者竖立雕像。布满城市各个角落的雕像群，讲述着这个国家的古老历史和人文文化。

在艾比努瓦斯大街，坐落在底格里斯河畔的一座公园里，我们找到了“一千零一夜”的铜雕。雕像形态逼真，造型优美，底座由大理石铺就。围栏里，山鲁亚尔国王，斜着身子靠坐在床榻上，目光凝视着不远处的美丽少女。少女是宰相的女儿，名叫山鲁佐德。她看到许多无辜的少女，因为没有给国王讲出有趣的故事丧失了年轻的生命。她自告奋勇，来到国王身边，每晚给他讲故事。她好聪明，就在国王听得最起劲的时候，山鲁佐德说，陛下，天色已晚，您该休息了，明晚接着讲，好吗？第二天晚上，她接着讲故事，一直讲了一千零一个夜晚。国王被她的故事打动，也爱上了这位姑娘，后来娶她为妻。我们见到的山鲁佐德，站在那里，头披纱巾，两手张开，嘴微张着，故事讲得绘声绘色。

《天方夜谭》之国王听少女讲故事雕塑

不幸的是，这座雕像在2003年的伊拉克战争中被部分毁坏，如今残缺不全。

还有一座有名的雕像，坐落在萨阿敦街心公园，讲的是阿里巴巴和四十大盗的故事。那座雕像是精湛的铜雕作品。女主角马尔基娜，阿里巴巴的女仆，聪明而又机警，当她得知有40名盗贼躲在油篓之中，想混进城堡加害阿里巴巴的时候，把滚烫的热油浇在油篓上，阿里巴巴得救了。雕像上的马尔基娜双手高举，从瓦罐中倒出滚烫的油，倾注在油篓中。栩栩如生，唯妙唯肖，让人感叹的，不仅是这个古老的传说，艺术家的精湛手法让人过目不忘。

“阿里巴巴和四十大盗”的故事，还有一个名字，叫作“巴格达窃贼”。我想说的是，由于萨达姆的倒行逆施和外国势力的干预，巴格达出现许多“窃贼”，有国内的，更多的是国外的。

我们同联合国驻巴格达官员交往中多次听到，伊拉克古物被盗窃，大量文物被不法分子，包括联合国官员、使团外交官，通过约旦、叙利亚和伊朗运往国外，倒手出售。

在阿里巴巴和四十大盗塑像前

战争期间和战后初期，局势混乱，百姓忙于生计，吃饱肚子是头等大事，顾不上什么国家文物。但有心人早就看到文物被窃，他们看在眼里，记在心上，但向哪里诉说？不止一处的古迹被掠夺，野蛮地开掘、运走，令人痛心。战后国际只有对伊拉克的制裁，联合国允许其进口粮食、医药、生活必需品。伊拉克没有对文物保护的预算，全国博物馆和古迹无人看管，更谈不到维护。

伊拉克全国上千处古人类的文化遗址，包括苏美尔、阿卡、巴比伦、亚述、阿拉伯伊斯兰等各个时代。发掘出土的文物存藏于各省博物馆。海湾战争期间和战后，11家博物馆被盗。据统计：达胡克馆被窃240件文物、阿舒尔馆30件、辛佳尔馆40件、基尔库克馆748件（另有书法484件）、苏莱曼尼亚馆22件、瓦西特馆74件、马伊萨尼馆723件、卡迪西亚馆49件、库费馆198件、巴士拉馆947件。

巴格达伊拉克博物馆在战争中被炸。乌尔的遗址遭联军挖掘。

据不完全统计，伊拉克失窃文物达4000件。被窃博物馆都是在战争中联军直接或间接控制的地区。由于巴格达博物馆长期关闭，内部情况不详。英国考古学家认为，著名的北部人头牛身双翼石雕被肢解，头部被盗往国外。不法分子为了掩盖文物原型，把整片的石雕砸碎，分成小块出售。

巴格达文物总机构负责人穆阿依德·赛义德博士说，联合国官员的三个外交箱子里面装有伊拉克古物，被带往国外。美国有人士指责英国某古迹专家参与了盗窃伊拉克古迹文物的活动，给被窃的文物出具证书。伦敦是国际上伊拉克被盗文物销赃的重要城市，市内的古董大街上，甚至民间古物市场，有伊拉克古物出售。英国警方对此并非没有耳闻，但声言“查无实据”。

还有的美国专家说，在战争前曾经去过伊拉克北部尼尼微省，还看到公元前几千年亚述王宫墙壁浮雕，该浮雕被盗劫，以一块一英尺见方剥离，结果整块墙上的浮雕被毁。

有日本方面人士出价1200万美元买了一块。这一交易极大刺激了盗窃伊拉克文物的活动。阿拉伯媒体人士亲眼见到日本专家出示的伊拉克被盗文物照片和资料，有石材、石膏、玻璃，其中73块是6000年前的文物，还有泥板刻书，以及古老伊斯兰书法真品。

另有报告称，伊北部哈德尔城（建于公元一世纪）的外墙和附近纳姆鲁德城中宫殿的碎石被盗。

2003年3月20日，美军再次攻打伊拉克，巴格达博物馆文物大量失窃。美军进入巴格达，守护博物馆的萨达姆军队四处溃逃，300—400盗徒闯入博物馆大肆抢劫，也有监守自盗的情况。展览大厅被窃40件珍贵文物（后15件被追回），库房失窃313件陶器和其他文物（大部退回，101件下落不明）。地下室内被窃5144件印章（占馆藏三分之一以上）和5542件饰物（胸针、珠宝、项链等，后追回大约2300件）。最后统计，失窃文物总数超过23864件，仅仅追回5300件。

古老的国家，遭遇连绵不断的战争，大灾大难，人类祖先留下来的文化遗址和珍宝遭遇空前劫难。珍贵的文物本来可以告诉后人历史，一旦被毁，无法修复，这是十恶不赦的大罪。考古学者说，盗墓者挖走的文物可能只有0.5%有市场价值，但在挖掘途中，疯狂破坏原址，原址价值已不复存在。

战后伊拉克官员面面观

萨达姆家族要员把持党政军要害部门，在大庭广众之下，这些人耀武扬威，俨然封建王朝的各路诸侯，好不神气。出席活动，讲排场，前呼后拥。

我见过萨达姆女婿卡米勒将军，他独自坐在豪华高靠背单人沙发椅上，俨然一个小皇帝，随从官员毕恭毕敬地站在两旁，弯腰趋前答话。战后他叛逃约旦，被约旦政府遣返，遭暗杀身亡。

萨达姆的大儿子乌代，完全一个公子哥，担任伊拉克奥林匹克委员会主席，虽无实权，但班底不乏青年干才。萨达姆通过体育活动拉拢青年。伊拉克足球具有较高水平，曾称霸中东海湾。乌代的真正工作我们并不清楚，奥委会主席多半是个“挂职”。

我曾会见乌代，那次是伊方要求中国援建大型现代化运动场地。乌代办公大楼很讲究，我在那里见到的女秘书都是身材修长的美貌金发女郎。乌代不守时，让我坐等一个半小时才来。他高个子，平头，络腮胡子，很傲慢的样子。谈话时我发现，这人除了寒暄、客套外，讲不出什么有内容的话，说话还“大舌头”，发不出阿拉伯语特有的“滚舌音”。

萨达姆的二儿子库塞为人精明，负责御用情报机构，受到萨达姆器重。当地人说老二可能是接班人。1996年12月12日，乌代遭枪击，昏迷缺氧，导致右脑组织损伤，左侧肢体偏瘫。2003年3月，美国占领伊拉克后，悬赏3000万美元捉拿乌代和库塞，二人均被打死。

我同伊拉克外交部官员的接触较多，业务部门官员礼貌待客，公事公办，但言语不多，看得出工作中打不起精神。有些事办不成，无可奈何，甚至表示歉意，对这些官员，我是理解的，没有必要和他们认真计较，他们也是“授权有限”。但是，上层和中层官员，言谈话语流露出是萨达姆的铁杆支持者，大骂美帝国主义，对联合国嗤之以鼻，说美国人早把联合国“装在上衣口袋里，随时可用”。有的还誓死同美国斗争到底，扬言：我们打了败仗，武器没有了，如果美帝国主义胆敢再来，我们手中有拐杖，用拐杖同他们斗争。真是让你哭笑不得。

其实，他们的生活状况他们自己明白。海湾战争开战前，副总统塔哈·雅辛率团访华，不少随行官员在北京购买食油和食品带回国。我们在巴格达举行招待会，如国庆招待会或联欢活动，有的官员低声对我们说，我拿些糖果给家里的孩子好吗。当然，随意拿。他抓了一把放进西服口袋。这是老朋友，我们心里很不好受，可怜天下父母心，谁都想把最好吃的留给孩子。糖果算得上高级食品吗，当然不算，说明他们生活已经相当困难了。市场上不是没有糖果卖，但价格很高，他们的待遇恐怕无力买这些“奢侈品”。

统治核心集团、党政军要员有私人别墅和俱乐部，有自己的聚会，不去公共场合，见不到他们在饭店宴请。从科威特抢来的高档食品、酒类早就送到那里了。

官员中，有人对萨达姆倒行逆施的极端政策有看法，在复兴党和特务机构的严密监视下，他们不敢议论，十分悲观，情绪压抑低落，因为他们很清楚，国家在遭难，但谁也无力让萨达姆回头。应该说，我们接触的伊拉克官员素质不低，业务水准不低，工作有板有眼，宗教意识不强，有着知识分子的生活方式，对我们热情友好。他们身上也没有一些阿拉伯国家常见的部落习气。当然，有些复兴党的骨干明显露出“党棍”霸气。

使团在忙活什么

返回巴格达后，我接待的第一位外交官是南斯拉夫代办。当时我正在草坪劳动，穿着衬衣、旧布裤子，肩膀上还搭着毛巾。南斯拉夫代办按了电铃，进门后看见我在扫地，走过来打招呼。他没有事先预约就来了，我也没有准备。他穿的是花格子衬衣，牛仔裤，休闲打扮。我们是老朋友了，见面格外亲切。我把手擦了擦，握着他的手走向花园内的平台，二人坐在折叠椅上聊了起来。

南斯拉夫代办告诉我他的经历，战前几天他回到南斯拉夫，没有去第三国待命，战争一结束国内让他速回巴格达。刚刚回来，形势还不明朗，感到使团变化相当大。

过了几天，我了解到战争期间一直待在巴格达的使节有苏联、古巴、苏丹、巴勒斯坦、梵蒂冈等国的大使。

苏联大使是乌克兰人，资深外交官，中东通，有独到见解。这位大使好相处，没架子。他告诉我，战前知道要留下，根据国内指示，把大部分馆员和家属都撤回国内，但当时苏联使馆留下的人还不少。战前使团有议论，美国打伊拉克，苏联紧盯着美国的举动。苏联特使波列马可夫频繁来往于莫斯科和巴格达之间，苏联和伊拉克关系密切，尤其在军事合作方面。据说，苏联使馆内有军事专家。在这种情况下，大使当然不能离开，要进行战时观察和联系。苏联专家在巴格达发电厂附近观看美军轰炸，了解美国巡航导弹袭击情况。

苏联大使说，战争期间，他几乎无法工作，美军飞机轰炸，伊拉克当局隐蔽目标，同其官方联系也很难。有一次，他在路上遇到空袭，躲到大型水泥管旁边。某国外交官告诉我，战争时间虽然不长，苏联大使十分疲惫，心理造成极大创伤。

苏丹大使是我的好朋友，我过去在苏丹工作过，在一起我们聊的话题很多。他对中国很敬仰，非常友好，常谈起中国对苏丹经济建设的支援。大使是苏丹外交部老外交官，中东事务专家，战前我请教他对时局的看法，他非常坦率。战后不仅我们经常见面，两个使馆官员也建立友好往来。战争期间，苏丹大使没有离开，处境也很困难。可惜，他患上白血病，我想，是不是也受到贫铀弹的辐射了？回国不久，他就去世了。现在回想起他对我说过的一些话，对时局的展望，都很准确，可以说，不少事情，他言中了。

由于巴勒斯坦同伊拉克的关系，巴勒斯坦大使自然要留在巴格达。他的变化不大，还是那样有活力，谈吐直率。他说，战时的巴格达天天挨炸，几乎成了没有活动的城市。伊拉克的空防顶不住轰炸，军事防卫相当薄弱。

还有一位大使没有走，是古巴大使。他是矿工的儿子，父亲是古巴革命前辈。战前我们之间交往比较多。古巴同伊拉克关系不错。他告诉我，他不会走，这里还有100多古巴医生、护士，战争打起来，更需要医护人员，他的担子很重。可以说要和医生、护士同生共死。不幸消息传来，他突发心脏病，未得到及时抢救故去，时年仅41岁。真是可惜。在残酷的环境中，什么都有可能发生。他的夫人是俄罗斯人、他留学苏联时的同窗好友。丈夫过世，何去何从，对她来说是艰苦的选择。

波兰大使学过阿拉伯文，在其他阿拉伯国家工作过，但阿拉伯文讲的不顺，我看他也不愿意讲，开口就是英文。此人十足的西方思想意识，但待人颇为真诚，对我们很友好，愿意往来。当时波兰使馆代理美国在伊拉克的事务，不知不觉地他们的外交官也好像转移了立场，说起问题，地地道道美国立场，为美方辩护。但他又是波兰大使，难免有时两副面孔。这种外交官不好当，可能也不好受。

除了观察形势，一些使节忙于向伊拉克讨债。伊拉克也欠了我们不少债款，他不说不还，但何时还，是个"猴年马月"的问题。伊拉克当局不但不落实还债，还强力劫走中资公司大批设备。我出面交涉，伊拉克表面允诺解决，实际上照干不误。萨达姆是什么事都做得出的。

苏联同伊有多项大工程合作。一个是优素菲亚发电站，造价9.5亿美元；二是鲁迈拉西古尔纳石油项目，资金6.5亿美元，年产原油1000万吨。战前完成70%；第三个，八个至鲁迈拉天然气战略管道工程，战前已经完工。在伊拉克，有苏联专家5000人，其中3000人在西古尔纳工地，600人在优素菲亚项目，500人在"第三条河"（一条运河，在南方。萨达姆决定开挖这条运河，有军事目的，引出南部沼泽地带的积水，顺河流入海洋，以便深入沼泽地带围剿反对当局的武装）。该河由苏联专家设计。

战前，苏联的23家国营公司同伊拉克有贸易来往，每年向伊拉克出口商品（包括军品）2.5亿美元，经援2.5亿美元，总出口5亿美元。伊拉克从苏联进口的物资，99%是用石油偿还，1%用椰枣、尿素、香烟、电池等偿还。伊拉克欠苏联的债务为85亿美元，每年偿还15亿美元左右，其中出口1000万吨石油，约值12亿—13亿美元，其余3亿—3.5亿美元是外汇。伊拉克按时付苏联欠款，同苏联合作不存在大问题。这是战前情况，战后就另当别论了。

据了解，伊拉克欠日本50亿美元。在日本被冻结的资金有3亿美元。欠印度6亿美元。欠保加利亚12亿美元。也有另一种情况，伊拉克追讨还债。越南过去得到伊拉克5亿美元贷款，伊拉克战后催越方还债5000万美元，越南无力偿还。1990年还了价值500万美元的大米、茶叶，1991年再还500万美元的米和茶。这是还利息（1%）。

伊拉克外交部通知使团，使馆人员离开巴格达辖区要经过其外交部批准，使团活动大受限制。伊拉克官方在节日举行庆典或效忠萨达姆的活动，邀使团参加。

外交部组织使团去外地，主要内容就是看美军破坏情况，其间穿插些旅游项目。其他官方活动很少，复兴党对各部门控制很严，一些政府部门联系使团，要通过外交部。

在巴格达的使团，同在“制裁”下生活，时间长了，有点儿同甘共苦的感觉，拉近了彼此的关系。大家见了面，难免发牢骚，或是交流在什么地方还能搞到一点儿食油或食品。夫人们见面，甚至交流怎么储存从约旦买回的面包，放进冷冻层，吃上一个月。或是有了邮局国际线路通了的消息，赶紧告诉大家，每人可以允许打五分钟的国际长途，和国内亲人通话。

为了活跃使团生活，有些使馆组织馆员联欢会，夫人活动，或义卖，甚至服装秀。有条件的使馆，各自开车，带上折叠桌椅，各馆带上有自己民族风格的菜肴，到野外会餐。我们曾参加卡尔巴拉附近拉扎扎湖边野餐活动，大家坐在湖边聊天，有说有笑，一时间忘记了环境的严酷。

拉扎扎湖就像是海，面积一眼望不到边。奇怪的是，湖面上戏水飞来飞去的是海鸥。湖边沙滩上许多石英石，大片大片的，在日光下发光，很漂亮。据说，这个湖很深很深，同黑海相连，黑海起浪，波涛声可以传到拉扎扎湖底，湖面上立即波浪荡漾。

估计几千万年前，这里也是海底吧。有油田的地方，往往是一万年前的海底，在沙特阿拉伯就是这样。伊拉克盛产石油，估计过去也是阿拉伯半岛地质大变迁后形成的地下油池吧。

美机再次空袭巴格达

海湾战争结束后，伊拉克在执行安理会决议问题上，尤其在核查、销毁大规模杀伤性武器和核设施等方面，同美国进行反复较量。

1991年4月7日，美英法宣布，在伊拉克北部库尔德地区设立“禁飞区”，伊拉克飞机禁止入内打击库族武装。到了1992年3月，英国外交大臣警告，如果伊拉克执意拒绝销毁武器，不排除再次对伊拉克动武，同时安理会谴责伊拉克拒绝销毁长程导弹武器，伊拉克必须无条件执行“687号决议”。

一时间，局势陡然紧张起来。3月下旬，美国“美国号”航母（舰载85架作战飞机）开进海湾地区。美国防部发言人称，美国保留向伊拉克进行军事袭击的“所有选择”，驻在德国基地上的美军第52战斗机中队派出一批战斗机飞往波斯湾。在沙特部署一支轰炸机队。另一队B-52远程轰炸机飞抵英国。美国高级官员说，美英已经制订对伊拉克导弹工厂和核设施实行有限空中打击的计划。该计划将由驻在土耳其（美国驻有60架战斗机）和沙特（美国驻有150架战斗机）的英美空军完成。

从伊拉克周围看，美国分明做了再次军事打击的行动部署。同年8月26日，美英法宣布，在伊南部设立“禁飞区”。这样，伊军空军行动被控制在狭小范围，捆住了手脚。

此前一周，我们得知，苏联使馆在三天时间内撤走45名妇女儿童。他们认为，美国近期可能采取军事行动。我们也不能不防，使馆开始储备物资，严格请假和值班制度，又有点儿回到战前的紧张环境。

在美国的强大压力下，伊拉克当局百般周旋，局势时紧时松，一直拖到1993年年初。记得有一天，我们发现，CNN电视新闻上出现异常报道，反复强调：美国新闻人员及时撤出伊拉克。我们感到不妙，美国可能要动手。1月13日，我们召开全馆大会，决定采取紧急措施，值夜班，储粮食，储水，准备发电机。为躲避空袭，安排地下室，停止一切使团之间的来往。调研室24小时追踪形势。说时迟，那时快，当夜9点，美国出动100架飞机轰炸巴士拉、塞马拉、纳斯里亚、阿马拉、纳加夫等地。当夜两点半，萨达姆发表讲话，号召全力反击。

1月18日夜，巴格达响起防空警报，长笛之声响彻全市。一下子，全城拉闸断电，上空一片漆黑。我们通知全体馆员立即关掉一切灯光，拉上窗帘，躲在屋内，靠近墙根处，坐在地上。顷刻间，巴格达防区高射炮、防空导弹齐鸣，整个夜空，像是一个火线编制的庞大火力网。

我走到院内，观察每栋楼房是否有的还有灯光，并大声叫喊，所有人不得出屋。美机飞得很高，郊区不时传来轰炸声。伊拉克防空确实薄弱，只见高射炮和高射机枪射出的光束，看不到空中爆炸，导弹打不到目标，除非“瞎猫碰上死耗子”。

空袭持续了大半夜。次日清晨，我们来到院子里，地上有高射机枪的弹壳，房顶上也拾到几枚，停在院子里的汽车有的被炸弹壳蹦上，打出点点小洞。

美军打击的是军事目标，未“光临”使馆。

空袭过后，我们即报告国内：“全馆人员平安，家中勿念。”

“外交邮袋”事件

战后，伊拉克边防口岸检查非常严格，尤其是伊拉克—约旦边防更为严厉，大宗货物由此进出。为了工作，特别是为了了解外界信息，中国驻伊拉克使馆费了九牛二虎之力，从迪拜中资公司购买了卫星天线，直径五米，加上附属设备，装大卡车从迪拜运往安曼，再运至伊约边境，公司派专人和技工随车来巴格达。我们心中一直嘀咕，伊方十分敏感，边防能否允许天线入境。中国使馆说是天线，是否属实，干什么用，是否另有所图。伊拉克当局有安全考虑，可以理解，但我们要看中国电视台和国际电台的节目，绝非另有所图。如伊方不允，也无可奈何。当然，事先已经向伊拉克外交部打了招呼。还好，入境顺利过关。但卡车进入巴格达市时，岗哨详细盘问、检查，使馆人员当面作了解释。过了一段时间，估计他们请示了上级，允许卡车进入市区。

我们有了天线，看到国内节目，大家很兴奋，感觉和国内拉近了距离。对调研人员，可以看到CNN、BBC等欧美国家和其他阿拉伯国家电视节目，扩大了信息来源，很有好处。

随之，麻烦来了。1993年5月5日，使馆派出二秘王旺生（后任驻阿尔及利亚和利比亚大使）等二人作为临时信使，去安曼接人和外交邮袋。这里顺便说一下，因被制裁，伊拉克空中航线始终没有恢复。中国国内信使只能把使馆的外交邮包送至安曼，使馆派人送去和接回邮件。巴格达—安曼的公路并不安全，路途1000公里，要格外警惕。王旺生他们清晨从安曼出发，太阳下山前必须赶到使馆，夜路更不安全。这次遇到了麻烦，到了伊拉克边防，他们不放行，提出三个“外交邮袋”必须送返约旦，或由伊拉克边防派人陪同押送至伊拉克外交部。

这种事，我们信使从来没有遇到过。根据国际法，信使文件和外交邮袋享有豁免权，不许检查，更不能移交旁人和非接收单位。

我们坚决不同意邮袋返回约旦，到了晚上7点半，天在下雨，王旺生等人一路辛苦，去了伊拉克外交部看守邮袋，寸步不离。这是我当大使和我的外交生涯中头一次碰到如此棘手问题。伊拉克当局不按规矩办事，只能“特事特办”。当夜，我给伊拉克外交部礼宾司司长家里打电话，司长不在，也不知道是否有意回避。为了不留“后遗症”，无论如何，邮袋不能交给伊拉克外交部，一分钟也不能失控。

我们决定，派其他外交官去外交部替换王旺生，让他回馆休息。接替他的两个人就在外交部坐了一宿。第二天我去外交部交涉，礼宾司正副司长都在座。对方提出两种解决办法，一是送回约旦，二是封存伊拉克外交部。我提出，放在中国大使馆封存，容后解决。对方不同意。双方僵持不下，我们就轮流派人去外交部值班。同志们很辛苦，坚守职责，人在邮袋在。伊拉克外交部人员倒是以礼相待，没找麻烦。

在捷克国庆招待会上，我见到伊拉克外交部礼宾司副司长和使团处处长，他们主动向我表示道歉，答应5月10日下午让我们去取回邮袋。

到10日晚上，我们才把外交邮袋带回使馆。邮袋一分钟也没有离开我们身边，安全拿回来了，大家很高兴，松了一口气。我们做到了坚持，坚持就是胜利。

后来，每当谈起此事，大家都说，你要是赶上不讲理的，不按国际惯例干的，只能坚持原则，不能妥协。这种事，恐怕在别处也会发生，不会仅此一例。

中国男足输了

1993年10月30日，我和夫人李中出席土耳其代办夫妇在拉希德饭店举行的晚宴，应邀的还有其他几对使节夫妇。没想到，席间谈论最热闹的话题是足球，而且是中国男足输给了也门男足。

前两天，10月28日，约旦首都安曼举行了世界杯亚洲区预选赛，中国队对也门队。当时我们正好要派临时信使去安曼，为了满足大家热情要求，组成拉拉队，为中国队加油。小面包车装不下几个人，能去的兴高采烈，事先准备好助威的横幅，大字写着："中国驻伊拉克使馆为你们加油！"

说实话，在被封锁禁运的伊拉克待长了，生活特别枯燥单调，能看场中国队的比赛，精神大为振奋呀。大家心里都想，对也门队，那还有什么问题，中国队准赢，不赢才怪了呢。

冷酷的消息传来，中国队以0:2输给也门队。去安曼的回来了，高兴而去，败兴而归。气不打一处来，“真丢人！”长途跋涉，看一场输球，太扫兴了。

宴会上，使节们议论，中国队怎么会输给也门，很不理解。我们坐在那儿，还有什么好说的，相当尴尬，只能点点头，说，有的馆员在安曼看了这场比赛，也门队确实踢得不错，中国队经验不足，还得提高。使节们表示理解，这时候，当着中国大使的面，也不能不留点面子不是。他们说，当晚还有一场比赛，中国队对伊拉克队。伊拉克队可是亚洲劲旅，战绩辉煌，比也门队水平要高。我越听越心里着急打鼓，这场比赛，咱们能赢了伊拉克队吗？悬呀！

这时，一位饭店服务员走到我身旁，弯腰低头，凑在我耳边，低声说，“大使阁下，伊拉克球队赢了，中国队0:1，输了！”我转过头，看着他那洋溢着笑容的脸，点点头。他掩饰不住兴奋和得意，礼貌地鞠了一躬，走开了。我这个当大使的，不能失态呀，大方一点吧，于是坦然地向在座的使节们说，今晚中国队又输给了伊拉克队，两连败。

使节哪能好意思接茬呀，话题扯开了。

离开饭店，夜间11点，忽然听到巴格达四处枪声大作，我紧张了一下，忽然明白了，这是巴格达在庆祝伊拉克足球队赢了中国队。我车前有中国国旗，经过街道时，有年轻人向我摆手，摇头晃脑的，还有人在远处向天鸣枪。

伊拉克足球队四次获得“阿拉伯杯”，在西亚地区得过冠军、亚军、季军。在亚运会上得过金牌。足球是伊拉克的全民体育项目，非常普及，不论宗教信仰还是地区，全民热爱。伊拉克出过优秀运动员。萨达姆喜欢看足球赛，把足球纳入独裁统治的招数之中，掀起民族狂热，增长民族意识。还把大儿子乌代任命奥委会主席、足协主席。巴格达地区的足球俱乐部很大，足球明星享有特殊待遇和地位。乌代论功行赏，不惜巨资，大力扶持强队，如拉希德足球队。

那个在拉希德饭店忍不住要告诉我中国队输了的年轻人，闹不好还是足球运动员呢，至少是拉希德足球队的“粉丝”。听说，对出战不利者，惩罚也很严厉。如1990年世界杯，伊拉克队没能进入决赛圈，乌代出重手，把运动员关进私牢。

海湾战后，国家无力体育运动开支，运动场地年久失修，足球队得不到国家财政支付，靠社会捐赠生存，优秀运动员到海外谋生。在阿拉伯国家队和欧洲国家俱乐部里，都有伊拉克籍球员的身影。

20世纪末，伊拉克队曾来华比赛，人们担心伊拉克内乱不止，党派、民族、宗教矛盾激烈，这支球队会不会受到影响。实际上，在比赛过程中，球员相互团结，十分默契，踢得相当精彩，获得一致好评。人们感叹，球队能把分歧矛盾放在一边，精诚团结，夺取胜利。只有成熟的、训练有素的球队，才能做到。人们感叹，这种精神，如果能在国内政治中体现出来，那可是伊拉克人的福气。

足球不是政治，代替不了政治。

2009年6月，国际足联取消对伊拉克主场比赛的禁令，伊拉克球队终于可以在本国打比赛了（原先去第三国比赛）。可是，同伊拉克比赛的客队不愿意去伊拉克，担心恐怖袭击。巴格达在人们心目中，是一个可怕的“火药桶”。

“唐老鸭”重返巴格达

海湾战争刚结束，留守小组在安曼准备返回巴格达的时候，唐师曾来见我，要求他和朱少华（新华社记者）一道和我们同行返馆。我们是外交人员，带上他们比他们自己返回要安全些。小唐知道，此时此刻，外国记者去巴格达很难，希望我们“关照”。他在一份剪报后面给我写了一段话：“大使，假如我带照相机过去不方便，可以不带，一切服从您的命令。与使馆同志共同生活，只看不说话，不发稿子。不带发稿机器，不穿这套衣服（当时他穿一套迷彩服），规规矩矩，跟您走。”他是担心入境出麻烦，可是摄影记者没有照相机还能干什么。他的意思我明白，不添麻烦。

1991年3月15日，车队开往巴格达，当夜抵达，记者留宿使馆，次晨返回新华社驻地。那边条件更差，院子里曾落下被击落的无人驾驶机，把地上砸出一个大坑。二位记者很快投入工作，争取抓住战后巴格达的第一手材料。后来他们去了南方巴士拉和北方摩苏尔地区，对战争破坏和战后人民困苦做了及时报道，很有价值。

小唐拍摄的照片，加上文稿，无不真实地反映出战争的破坏性、残酷性，也介绍了这次战争的高科技特点。用战前的资料和现在的资料比较，不难看出鲜明反差，文章极具说服力。

一天，下起大雨，我站在官邸二楼窗前，忽然看见一个人赤背趴在池塘边上，手在水中来回晃。使馆草坪旁有一个很大的水池，里面养着锦鲤，小生灵躲避了战火洗劫，活下来了。我下楼去到池塘边，一看那人原来是小唐。他满脸满身雨水，大声对我说："我在洗照片！"当时巴格达已断水很久。见到小唐浑身湿透，雨水流在面颊，眼镜片上都是水，我说："别感冒了，快进楼去！"小唐傻笑了一阵子，拿着湿漉漉的照片，高兴地跑进楼内。

我被眼前这情景感动了，心想，这小子真是玩命。没有水洗照片，跑到池塘来洗，大自然解决了他的燃眉之急。说实话，他要是向使馆要几瓶矿泉水，我们也会给他。但，他坚守自己的诺言：绝对不给你们添麻烦！

平时大家凑在一起聊天，谈时局，发现小唐对战争和兵器颇有研究。谈起战争，他眉飞色舞，引经据典，一套一套的。一次，我去新华分社看看，他正在看书。我走近一看，他手中捧着贴满了海陆空各种装备的图片的册子，真是一本武器大全。我问他："喜欢武器？"他很正经地回答："海湾战争武器五花八门，出了不少新货，过去没有见过，不认识。把见过的都剪下来，积累在一起，可以对照。这本册子对我报道，帮了大忙。"功夫不负有心人，报道战争，对武器一无所知，从何写起，又怎么能做到深刻、准确、精彩呢？

5月，小唐奉调回国。走前，他来告别。我提出几点希望："严格要求自己，把握自己，不断进步，走向成熟。"小唐听进去了。后来，他写信给我，信中说:“我在干活时,心里很自信,但其他方面很弱,常捅娄子。”

1998年,北大百年校庆,我又碰上小唐,他病了,显得虚弱,总在出汗,看来病得不轻,但不失当年的坚强。我想起他还在信中对我说过:“艰苦危险,我不怕,怕的是离群索居,孤独。”“我热爱我的国家,每当受到外国人丝毫的歧视,我这种感觉尤为强烈”。“时间对我太少了,我得到了别人得不到的荣誉,也失去常人应有的幸福。好在我还年轻,来日方长”。他带着病体,又去了金三角等地。

10年后,小唐再返巴格达。后来,还去了南极。

这是一个敢同生命叫板,敢和时间争分夺秒的人。作为一名国际记者,他是优秀的、难得的人才。

小唐喜欢汽车,是个“越野车迷”。后来,他对我说:“我真想实地探讨长城和金字塔两大人类文明的历史渊源。开着越野车,从亚洲到非洲,行程几万里。同古人、古道打交道。我在梦里都梦到这些。”不幸的是,机会和他擦肩而过了,他没有去成。后来,他独自一人西行印度。回来后,给我一个大画册。

墨子云:“志不强者智不达,言不行者行不果。”小唐拖着病体,发挥才智,行而有果,硕果累累。

告别巴格达

1994年1月,中国外交部通知我结束在伊拉克使馆的工作,去沙特阿拉伯任大使。

我从1990年12月抵达巴格达,到1994年4月离任,总共在伊拉克工作了三年半。赴任时,海湾战争即将打响,离任时伊拉克仍被制裁封锁。这三年多,在我的外交生涯中很不平凡。伊拉克在军事上被击败后,经济遭封锁,政权更加独裁,各种形式的斗争错综复杂。这三年的进程,反映出冷战结束后国际形势在海湾中东地区的具有里程碑式的变化。在这样的大形势下，在巴格达的生活和工作非同一般。对我来说，思想始终处于戒备状态，精神紧绷，各方面受到锻炼，很值得。

我在巴格达工作最大的收获之一，是深感群众的力量。自己要放下架子，博采众议，工作大家做，困难同克服。留守小组的故事，前面已经讲过。在后来的工作中，调研工作贯穿始终，难处是“灯下黑”，靠大家搜集情况。懂阿拉伯语的外交官结交不少当地和其他使团的朋友，逐渐把握形势脉搏。我们基本上完成了观察形势的任务。

在巴格达的生活比较艰苦、单调，为了缓解紧张的气氛，我们尽量活跃使馆内部的生活。有了天线，看到电视节目，下班后放松一下神经。我们组织乒乓球赛、游泳比赛，甚至搞了一场足球赛。全馆男士分成两队，找个场地，划出球门。自己年纪大了，当年也曾“驰骋球场”，报名当守门员。因为大家身手都比较生疏，节奏较慢，特别怕把球踢到我身上，反而躲着射球。最后结果：9比9。皆大欢喜。

和夫人李中在中国驻伊拉克使馆

我们这支队伍，在特殊条件下经受了考验。同志之间建立了特殊的战友般的感情。出了点矛盾，自行解决。“同舟共济”“同甘苦共患难”的精神，把我们团结在一起，凝聚成巨大的力量，完成祖国人民交付的使命。“不辱使命，报效祖国”，是我们共同的、坚定不移的信念。

到了告别巴格达的日子，我和夫人李中又踏上从巴格达到安曼的公路。那天天气坏透了，一路上大风不止。我们的汽车和旁边的大卡车靠近时，几乎被气流吸住，贴到大卡车上。不久又下起瓢泼大雨，大雨啪啪地打着前窗玻璃，水倾注下来，前方的道路模糊不清。过了边界，已近傍晚。我们离安曼还有百十公里的地方时，忽然大雾弥漫，一股股白色烟雾向汽车扑打过来，能见度几乎为零。我们决定停下车子，靠在路边，但路边在哪里也看不见，又担心对面汽车开过来撞上我们，就打开所有的车灯。待驶进驻约旦使馆的时候，已是凌晨4点。

离开了伊拉克，思绪离不开巴格达，恐怕今后和平的道路还很遥远吧。

后记

1991年，海湾战争结束，时隔12年后，2003年，美国再次发动伊拉克战争，彻底摧毁了萨达姆王朝。在更为悬殊的军力对比下，伊拉克军队迅速瓦解，伊拉克再次成为战场，两河流域，血流成河。

2006年12月30日，萨达姆被送上断头台。萨达姆被绞死了，占领军却没有撤离。又过了四年，到了2010年9月2日，美国军事占领伊拉克七年之后，白宫宣布，美军全部撤离伊拉克。从20世纪90年代，到21世纪的头十年，20年间，伊拉克发生两场战争，留下的是动乱、死亡和废墟，是占领军4000美军之幽灵，更是10万多伊拉克平民的尸骨。

人类文明发源地之一，在进入现代之后，发生如此可怕的厮杀、杀戮，在短短20年间，战火不断。古代巴比伦的上空，总是弥漫着战争硝烟。

我们来到伊拉克，看到伊拉克民族是个优秀的民族。他们热爱生活，热爱生命，智慧勤劳，渴望和平幸福。

前段时间，我们看到一条令人欣慰的消息：在巴格达天堂广场，就在萨达姆铜像被拉倒的地方，一座新的铜像竖立起来了。新的雕像六米高，用铁和石膏制成。一个伊拉克男子，双手高高托起一轮新月，月牙后面，一个闪闪发光的太阳冉冉升起。雕像两侧是一组小雕像群，站立着妇女和儿童。这是新生的伊拉克的标志。

善良的人们相信，有着灿烂文明历史的伊拉克人民，终将从废墟中站立起来。

郑达庸

2014年11月